Faris Al-Sultan

Christoph Dirkes

südwest

Triathlon

Motivation · Wettkampf · Erlebnis

AL-SULTAN, DU MEIN LÄUFERGOTT!

ZUR PERSON ACHIM ACHILLES

ER IST EINER VON ÜBER ZEHN MILLIONEN FREIZEITSPORTLERN IN DEUTSCHLAND. ER IST NICHT MEHR GANZ JUNG, NICHT MEHR GANZ SCHLANK, NICHT MEHR GANZ FIT. FRÜHER WAR ER GUT TRAINIERT. DANN KAM DER JOB, DIE FAMILIE, DER ROTWEIN.
JETZT FÄNGT ER WIEDER AN ZU LAUFEN. NICHT WEIL ER ES MAG, SONDERN WEIL ER DIE STICHELEIEN SEINER FRAU MONA NICHT LÄNGER ERTRÄGT.
DAS GEREDE VOM SPASS AM LAUFEN MACHT ACHIM NICHT MIT. LAUFEN IST FÜR IHN WIE ZAHNARZT, MAN KOMMT NICHT DRUM HERUM. SEIN TRAUM: DER IRONMAN AUF HAWAII. LEIDER IST DER WEG DORTHIN BESCHWERLICH. VON SEINEM TRAINING SPÜRT ER NUR MORDSMÄSSIGEN HUNGER. ACHIM LÄSST MIT SEINER WÖCHENTLICHEN LAUFKOLUMNE BEI SPIEGEL ONLINE EINE RIESIGE ANZAHL VON PERSONEN AN SEINEN LÄUFEN TEILHABEN.
ACHIM ACHILLES HAT SCHON VIELE GROSSE ATHLETEN ERLEBT. ABER WAS FARIS AL-SULTAN – 29, MÜNCHNER, VATER IRAKER, MUTTER DEUTSCHE – BEIM IRONMAN AUF HAWAII LEISTETE, WAR SELBST FÜR DIESEN KOLUMNISTEN ÜBERWÄLTIGEND. EINE ODE AN DEN BESTEN TRIATHLETEN, DEN ES GIBT.

LIEBER FARIS AL-SULTAN,

wissen Sie eigentlich, was Sie da angerichtet haben in Millionen empfindsamer Seelen? Ihr typisch bayrischer Name wird Millionen deutscher Ausdauersportler auf ewig im Gedächtnis bleiben. Was Sie uns angetan haben im Oktober 2005, das wirkt bis heute nach: Sie haben uns die Vergeblichkeit unseres kleinen, bunten Treibens brutalstmöglich vor Augen geführt.
Da hechten wir in jeder dritten freien Minute durch Wald und Feld, ruinieren trotz feinsten Schuhwerks unsere zarten Gelenke und Sehnen, lesen Millisekunden von unseren sündhaft teuren Pulsuhren ab und gleichen sie umgehend mit sorgsam ausgetüftelten Trainingsplänen ab, geben ein Vermögen für Kreatin, Appetitzügler und Multivitaminpräparate aus. Berufe wie Physiotherapeut, Osteopath, Schleifgreif oder Klemmbrett gäbe es ohne uns überhaupt nicht. Wir kämpfen also, jeden Tag, aber nur höchst selten mit Erfolg.
Und Sie, alter Tri-Schlawiner? Sie gewinnen mal eben so in Hawaii den »Ironman«. Und warum taten Sie das? Ganz einfach. Weil Sie Thomas Hellriegel bei seinem Sieg 1997 im Fernsehen gesehen haben. Da dachten Sie so bei sich: »Och ja, das willste auch mal.« Und acht Jahre später

war es schon so weit. Das ist gemein. Ich denke bei jedem gottverdammten Sieg, den ich im Fernsehen sehe, dass ich ein einziges Mal Erster sein will, in irgendeinem Ziel. Und trotzdem schaffe ich es nicht mal beim hinterletzten Volksjoggen unter die ersten 100 der Altersklasse »Demenz und Scheintod«.

Wie sagten Sie so treffend im Ziel von Kailua Kona: »Die letzten Kilometer waren die Hölle.« Ich verrate Ihnen jetzt mal was, ganz unter uns: Bei mir sind das schon die ersten 100 Meter.

Erzählen Sie jetzt nicht, dass Sie sich den Erfolg hart erarbeitet haben. Wir alle kämpfen wie die Blöden, vor allem gegen die Monas dieser Welt, um jede Minute Trainingszeit. Sie machen das ja ganz geschickt. Kein Trainingslager auf Malle oder Lanzarote, wo die ganzen Schattenparker und Hinten-Anschnaller vormittags ihre Karbonkarren spazieren fahren, um sich den Trainingserfolg nachmittags vom Geschnatter ihrer Partnerinnen wieder ruinieren zu lassen.

Nein, ganz allein fliegen Sie nach Al Ain, die Stadt in den Vereinigten Arabischen Emiraten, die bekannt ist für die unendlich hohen roten Sanddünen ringsum. Da tragen Sie morgens zum Warmwerden ein paar Mal Ihr Rad auf dem Rücken hoch, dann Schwimmtraining im Treibsand. Zur Abkühlung wetzen Sie mittags barfuß durch die Wüste. Christoph Daum hat seine Fußballer ja auch mal über glühende Kohlen steppen lassen. Frauen haben bei den Scheichs eh nichts zu melden, deswegen kann man gut allein fahren. Diese Kopftuch-Geschichte hat bei der Wahl von Trainingslagerorten ja doch was für sich.

Noch ein Trick: Ihr ausgefeilter Ernährungsplan. Gleich nach dem Sieg von Hawaii sind Sie wie der letzte Schlunz gekleidet in den nächsten »Taco Bell« gestürmt und haben erst mal einen großen Teller Maisfladen mit dick Käse drauf verputzt. »Etwas Abwechslung muss sein.«, haben Sie erklärt, tags zuvor seien Sie schließlich bei »Burger King« gewesen.

Ab sofort übernehme ich von Ihrem Trainingsplan zumindest den Ernährungsteil, kippe meine Vorräte an High-Energy-Zeugs weg, dope mich fortan mit doublebacontriplecheese und verbleibe mit allertiefster Ehrfurcht, Verehrung und einer klitzekleinen Spur von unbändigem Neid.

IHR ACHIM ACHILLES

Start frei zum Nizza-Triathlon, einem der bedeutendsten Klassiker auf der Langdistanz.

Beim Ironman Hawaii 2006 auf der Radstrecke. Ich bin noch im ersten Abschnitt unterwegs und habe meine Eigenverpflegung noch am Rad.

ERDINGER
100% Leistung. 100% Regeneration.

Ironman Hawaii 2006: Nach 226 km endlich im Ziel. Ich freue mich über den 3. Platz.

asics
ERDINGER
ALKOHOLFREI
TRI DUBAI
TRI DUBAI
PowerBar
LAMBERTZ
IRONMAN
26

»ICH HABE IN DIE DUNKELSTEN ECKEN MEINER PSYCHE GESEHEN.«

MARK ALLEN

AUSDAUERSPORT BOOMT

Im Zuge des steigenden Bekanntheitsgrades neuer Fitness- und Ausdauersportarten wie Nordic Walking erinnern sich viele der konventionellen Konditionierung ihrer Fitness durch Schwimmen, Radfahren oder Laufen. Große Sportveranstaltungen wie z. B. Volksläufe haben Hochkonjunktur und erfreuen sich wachsender Beliebtheit. Demnach liegt es eigentlich nahe, dass Triathlon einen ebenso großen Zulauf erlebt.

Zwar wird allgemein angenommen, dass Triathlon ein Sport weniger Ausnahmeathleten ist, die den Kick darin suchen, menschliche Grenzen zu überschreiten. Doch als eine noch relativ junge Sportart entwickelte sich Triathlon zu einem Trend. Der Sprung vom exotischen Extremsport zum populären Ausdauersport ist geschafft!

Oben: Deutsche Triathlon-Meisterschaften in Potsdam.
Mitte: Schwimmstart beim Ironman Austria in Kärnten.
Unten: Die Laufetappe beim Ironman Hawaii.

WAS VERSPRICHST DU DIR DAVON?

Diese Frage muss man sich als Triathlet gefallen lassen, denn mit der Vorbereitung auf einen Triathlon stellt man sich einer Herausforderung, die schon lange vor dem Wettkampftermin beginnt. Dazu gehört natürlich das Vertrauen in die eigene Leistungsfähigkeit und die Bereitschaft, sich für die bevorstehenden Anstrengungen zu disziplinieren.

Trotz einer Vision im Hinterkopf, trotz Willenskraft und dem Glück, von Verletzungen verschont zu bleiben, kann man sich dennoch nicht sicher sein, gesteckte Ziele zu erreichen. Und dennoch gewinnt Triathlon mehr und mehr Zuspruch, findet Menschen, die darin ihre Bestätigung suchen.

Es bleibt dir nichts erspart: Beim Schwimmen traktiert dich die Konkurrenz mit Schlägen und Tritten. Im Radrennen wäre es so einfach, den kraftsparenden Windschatten des Vordermanns zu nutzen. Doch Windschattenfahren ist in den meisten Wettkämpfen verboten. Als wäre dies nicht genug, läuft man zum Schluss, der völligen Erschöpfung nahe, mit nur einem Gedanken: »Was verspreche ich mir eigentlich davon?« Dem Zielstrich nah beantwortet sich diese Frage dann ganz von allein.

ENTBEHRUNGEN UND ZIELE

Die Entbehrungen und die über Monate andauernde Herausforderung müssen dennoch in Zielen münden, die dafür entschädigen und die Strapazen mit Erfolg krönen. Und sie tun es. Alle Anstrengungen scheinen vergessen, wenn man sich auf den letzten Kilometern eines Triathlon der Woge der Begeisterung hingibt, die jedem Einzelnen entgegenschlägt. Dieser Moment gehört allein dem Athleten.

Es ist schon im Mannschaftssport ein Erlebnis, durch Teamgeist und die Bereitschaft, sich gegenseitig aufzuopfern, Erfolge zu feiern oder gemeinsam Niederlagen verantworten zu müssen. Das fokussiert sich beim Triathlon auf jeden einzelnen Wettkämpfer. Hier wird man sich seiner eigenen, ungeschminkten Leistungs- und Leidensfähigkeit bewusst, man wird selbstkritischer und ehrgeiziger, wenn man Grenzerfahrungen sammelt.

Sicherlich wird es im Training auf der Strecke manchmal einsam. Das lässt sich nicht verleugnen. Im Wettkampf ist man es meist nicht. Alle Teilnehmer kämpfen gegen gemeinsame Feinde. Hitze und Kälte, Wind, Sonne und Regen, die Länge der Strecke und der eigene Körper fordern dich heraus.

Und alle haben das gleiche Ziel. Man schenkt sich auf der Strecke als Triathlet nichts. Die freundschaftliche Atmosphäre geht dabei jedoch nie verloren. Sie schweißt zusammen und führt im Wettkampf schon mal dazu, dass man sich zur Motivation des Konkurrenten hinreißen lässt. Das Ziel zu erreichen im Bewusstsein, alles gegeben zu haben, ist phänomenal!

FARIS PERSÖNLICH

WIE ICH ZUM TRIATHLON KAM

Wie oder warum habe ich mit Triathlon angefangen? Diese Frage bekomme ich immer wieder gestellt.

Ähnlich wie bei vielen Menschen, spielte auch bei mir die Eitelkeit eine große Rolle. Im zarten Alter von 14 Jahren war ich noch ein dicker Jugendlicher, der seit seiner Geburt, am Wochenende von den Großeltern in jeder Hinsicht, aber vor allem kulinarisch, verwöhnt wurde.

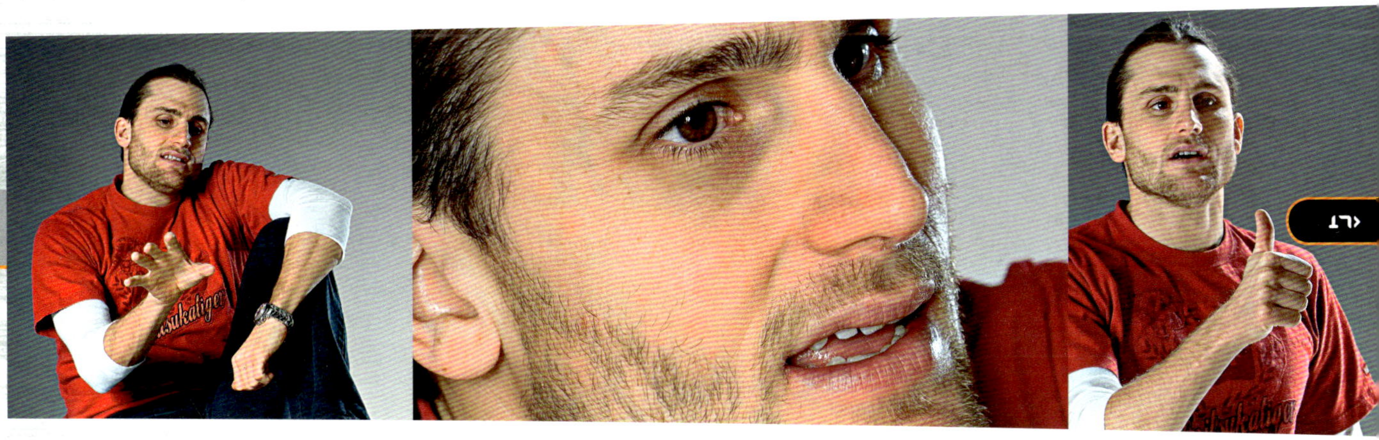

Den ganzen Tag über wurden mir, dem kleinen Sultan, Obstteller mundgerecht vorbereitet und Schnitzel, Kuchen, Eis, Süßigkeiten und vor allem Gebäck oder Kekse serviert. Das führte dazu, dass ich übergewichtig wurde, obwohl ich ein sehr aktives Kind war (Hobbys: Wandern, Fußball, Schwimmen, aber noch kein Leistungssport). Mit 14 beschloss ich dann, dass ich etwas ändern musste, sonst würde sich nie ein Mädchen für mich interessieren. Also nahm ich in einer nahezu Null-Diät in etwa acht Wochen 15 Kilogramm ab. Nach dieser Radikalkur war zwar das Fett weg, aber leider auch die Muskulatur. Wieder nix mit den Mädels! Das bedeutete nun für mich, dass ich nicht mehr dick werden durfte, gleichzeitig auch mehr Muskulatur aufbauen musste. Da kam ein Brief von meinem Schwimmverein, in dem die Wettkampfmannschaft um Nachwuchs warb. Eigentlich wäre ich zu diesem Zeitpunkt schon etwas zu alt gewesen und wollte auch bloß dreimal pro Woche, statt einmal wie bisher, schwimmen, aber in kürzester Zeit hatte mich der Leistungsvirus erwischt. Ich kam schnell in die erste Mannschaft, schwamm sieben- bis achtmal pro Woche und machte zweimal Kraft- und zweimal so genanntes Trockentraining (Athletik, Laufen).

Leider wurde aber schnell klar, dass ich kein Schwimmtalent besitze. Das mag dem einem oder anderem sonderbar erscheinen, weil ich ja heute einige gute Bestzeiten im Schwimmen habe.

Diese Bestzeiten sind allerdings das Resultat von sehr viel Training, von einem großen Willen und einem außergewöhnlichen Herz-Kreislauf-System.
Beim Lauftraining mit der Schwimmmannschaft stellte sich dann aber heraus, dass ich ein guter Läufer bin, und so lief ich dann hin und wieder alleine vor dem Schwimmtraining, anstatt wie früher Fußball oder Basketball mit meinen Freunden zu spielen.

Kurzfristig spielte ich auch mit dem Gedanken, Langstreckenschwimmer zu werden, ein Sport der Anfang der 90er-Jahre bei uns langsam beliebter wurde. Dessen Strecken von 5, 10 und 25 Kilometer werden aber immer einem elitären Kreis von Schwimmern vorbehalten sein, die mindestens 30 Kilometer pro Woche schwimmen (die fleißigsten zeitweise 30 Kilometer pro Tag).
So viel schwimmen wollte ich nun aber doch nicht, und 1995 hörte ich zum ersten Mal vom

Ironman auf Hawaii. Es dauerte dann noch ein Jahr, bis ich bei meinem ersten Triathlon über die olympische Distanz im benachbarten Karlsfeld startete. Die Bilanz lautete: beim Schwimmen verirrt, beim Radfahren überfordert und beim Laufen k. o. Der Juniorensieger war für mich ein Held. Ich war fest entschlossen weiterzumachen und davon überzeugt, dass ich einen Ironman sowieso viel besser absolvieren könnte als die kurzen Distanzen. Dann sah ich wieder Bilder

Mit 16 lief ich im Frühjahr 1994 dann meinen ersten Marathon in 3 Stunden und 10 Minuten. Bei der Anmeldung musste ich mich erstmal zwei Jahre älter machen, da Marathonlaufen erst ab 18 erlaubt ist.
Ich brauchte Erfolgserlebnisse, die ich im Schwimmen nie hatte. Dort gelang es mir nie, eine Pflichtzeit für die Deutschen Meisterschaften und nur einmal eine für die Bayerischen Meisterschaften zu erzielen.

von Hawaii und kaufte mir das gleiche Fahrrad, das Thomas Hellriegel fuhr (die gleichen Klamotten hatte ich schon), der wieder Zweiter geworden war. Er wurde mein Held und Vorbild, weil er nicht nur der beste Deutsche war, sondern auch gnadenlos hart zu sich sein konnte. Eine Härte, die ich später genauer kennenlernen sollte.

Im Frühjahr 1997 wollte ich mich in Roth anmelden, doch leider darf man in Deutschland erst ab 21 auf die Langstrecke. Also flog ich zu einem der härtesten Ironman-Rennen nach Lanzarote. Dort liegen die Siegzeiten der Männer knapp unter neun, statt knapp über acht Stunden.

Ich wurde 66ster in 10 Stunden 33 Minuten, eine Zeit, die im Nachhinein betrachtet sehr respektabel war. Ich war aber nicht zufrieden mit mir und strebte trotz der großen Freude darüber, ein Eisenmann zu sein, nach Verbesserung. Von da an war ich mit dem Triathlonvirus infiziert.

ICH BIN TRIATHLONBOTSCHAFTER

Eigentlich bin ich jemand, der bei den Medien relativ viel mitmacht. Wenn Anfragen kommen, versuche ich, die Leute zu befriedigen, da bin ich ganz pragmatisch. Ich will ja auch, dass viel über Triathlon berichtet wird.

Was mich betrifft, weiß ich natürlich, dass die Presse nicht nur an meiner Rolle in der Weltspitze Interesse hat, sondern auch an meinem in Deutschland nicht ganz alltäglichen Namen und meinem kulturell gemischten Hintergrund. Damit kann ich auch umgehen. Meine Mutter ist Deutsche, mein Vater Iraker, ich habe einen ungewöhnlichen Namen, bin aber in München geboren. Ich bin der Moslem, der von der Brauerei gesponsert wird. Aber ich will weniger der Kulturbotschafter als viel mehr der Triathlonbotschafter sein, weil ich glaube, dass Triathlon noch sehr viel Potenzial hat.

Ich sehe in den Zeitungen und Zeitschriften lieber meine Sportart und mein Gesicht, als

irgendeinen Fußballer, auch wenn der Artikel vielleicht schlecht recherchiert ist. Deshalb mache ich wirklich viel mit. Das Größte war für mich allerdings der erste Spiegel-Artikel über mich. Das Nonplusultra, alles andere war dagegen Kindergeburtstag. Was im Print- und Onlinebereich über mich geschrieben wird, schaue ich mir schon meistens an, wenn ich es in die Finger bekomme. Ärgern tu' ich mich nur über Dinge, die schlichtweg falsch wiedergegeben sind.

Die internationale Presse kenne ich gar nicht so gut, mit Ausnahme der amerikanischen Presse vielleicht. Die Amerikaner interessieren sich vor allem für den Muslim, der von der Brauerei gesponsert wird. Journalisten fragen auch einfach nach den elementaren Dingen, z.B. nach dem Alter oder woher mein Name kommt. In erster Linie geht es bei Sportinterviews um das Thema »Ironman«. In Amerika ist der Ironman allerdings etwas anderes als bei uns. Bei uns ist er in erster

Linie Sport, und die Marke, die dahinter steckt, ist eigentlich gar nicht so bedeutend. In Amerika ist Ironman ein Religionsersatz. Da ist die Marke alles. Merchandisingartikel rund um den Ironman gehen in Amerika unglaublich gut. Ich bin da eher pathosfrei. Natürlich wollte ich auch ein Ironman werden, aber man muss da schon objektiv bleiben. Ironman ist ein Sport und keine Religion. Mir persönlich ist das zu viel. Ich will schließlich auch Spaß.

MACHT ERFOLG GLÜCKLICH?

Erfolg macht natürlich in erster Linie glücklich. Gar keine Frage. Die Frage ist vielmehr, was jeder Einzelne als Erfolg versteht. Meine ersten Ziele waren ganz klar definiert. Ich wollte einmal Deutscher Meister sein, entweder als Amateur oder Profi. Als ich professionell mit Triathlon angefangen habe, wollte ich so gut werden, dass ich einen Ausrüstungsvertrag mit einem Sportartikelhersteller bekomme.

Als ich besser wurde, wollte ich einmal nach Hawaii und einmal unter die Top Ten auf Hawaii. Man muss auch immer von seinen Fähigkeiten ausgehen. Für viele ist es ein Riesenerfolg, wenn sie es überhaupt nach Hawaii schaffen. Andere haben das Potenzial, dort zu gewinnen. Abhängig davon, wie das Potenzial ist, definiert sich der Erfolg. Natürlich schlägt einem viel mehr Sympathie entgegen, wenn man erfolgreich ist, und das macht glücklich.

MEHR ALS NUR TRIATHLON

Was ich aber auch sagen muss: Ich bin natürlich nicht einfach der Triathlet Faris Al-Sultan, der sich ausschließlich für Triathlon interessiert. Wichtiger als Triathlon sind mir auf alle Fälle meine Eltern, Freunde, Verwandte und Bekannte. Und meine Gesundheit natürlich. Triathlon ist ein Luxus der Gesellschaft. Wenn sich jemand – so wie ich – ganz dem Sport widmen und sich Gedanken darüber machen kann, ob man einen Kilometerschnitt von 4.10 Minuten oder doch nur 4.12 Minuten gelaufen ist, dann ist das einfach Luxus. Ich muss mir als Triathlet und Profisportler darüber im Klaren sein, dass es weitaus wichtigere Dinge gibt. In Afrika verhungern Kinder – das ist viel eher ein Problem, über das man sich Gedanken machen sollte, als über die Tatsache, ob ich vielleicht noch schneller rennen könnte oder nicht. Ich habe keinen Tunnelblick als Triathlet. Auch politische Dinge interessieren mich, wie etwa die Lage im Irak. Ich habe dort ja auch Verwandte, mit denen ich ab und zu telefoniere. Mein Vater war vor nicht allzu langer Zeit im Irak, nachdem er 45 Jahre nicht dort gewesen ist. Da hat er sich im Kurdengebiet, wo es einigermaßen sicher ist, mit unseren Verwandten getroffen. Was er gesehen hat, fand er furchtbar. Momentan findet im Irak eine wahre Säuberungsaktion statt: Im Süden des Irak werden alle Sunniten vertrieben, während in der sunnitischen Mitte die Schiiten bekämpft werden. Der Irak war immer mehrkonfessionell. Das ist einfach verrückt, was da passiert. Vor fünf Jahren war es noch überhaupt kein Thema, ob jemand Sunnit oder Schiit ist, es war einfach uninteressant, außer man war strenggläubig. Jetzt ist das ein Thema, jetzt fragt man die Leute, ob sie Sunnit oder Schiit sind. Es wird zum Thema gemacht, weil es ein Unterscheidungskriterium ist, das mit positiver oder negativer Reaktion verbunden ist. Ich selbst war

übrigens noch nicht im Irak. Für mich ist es dort zu gefährlich, da ich zu europäisch aussehe.

AM ANFANG GAB'S KEIN ZIEL

Das mit dem Triathlon hat sich bei mir einfach so ergeben. Für mich steht auch nicht das Geldverdienen im Vordergrund, sondern der Spaß. Wenn ich Radfahren gehe, sage ich nicht: Ich muss jetzt zur Arbeit. Das ist Quatsch. Obwohl ich damit Geld verdiene. Aber so würde ich das nie empfinden, und wenn das mal so werden sollte, dann will ich auch aufhören. Dass ich Profisportler werde, habe ich nicht von vornherein angepeilt. Das war ein schleichender Prozess. Am Anfang habe ich einfach ganz normal Sport gemacht. Später wurde es mehr, und irgendwann will man dann auch mal was gewinnen. Ich wurde dann auch Zweiter in Brasilien und – was noch wichtiger für mich war – gewann 2000 die Deutsche Meisterschaft in Kulmbach in der Langdistanz. Das war mein Gesellenstück, und mir wurde dann klar: Okay, ich kann das. Aber selbst, als ich dann schon wirklich viel trainiert hatte, und auch die Jahre danach, stand für mich immer noch mein Studium im Vordergrund – mit dem Ziel, einen normalen Beruf zu ergreifen. Wie gesagt, es war ein Prozess, ein langsamer Fluss, nicht so wie beim Football in Amerika, wo man plötzlich in der NFL spielt und Profi ist. Ich habe auch nie zielorientiert trainiert, also mit dem Hintergedanken, dass ich zum Zeitpunkt X fit bin. Das war viel eher ein Trainieren, um Spaß zu haben, und erst in zweiter Linie, um einen Wettkampf zu bestreiten. Jetzt ist es natürlich anders. Die letzten zwei oder drei Jahre da war das Training natürlich schon auf Hawaii fixiert. Aber auch da gab es keinen Masterplan. Es gab natürlich einen groben Plan, aber es war nicht verkrampft.

Und heute sehe ich das alles eigentlich immer noch ziemlich entspannt und werde auch nicht nervös, wenn bei einem Rennen wie auf Hawaii die Presse vor meiner Nase rumschwirrt. Klar, manchmal stören die Filmteams, die unterwegs dabei sind. Beim Schwimmen ist es manchmal sehr unangenehm, wenn die Boote zu nah an die Athleten herankommen. Da hast du dann die Abgase in der Nase.

Andererseits ist es aber auch wieder cool. Als ich 2005 geführt habe, fuhr ich nicht dem Führungsauto hinterher, sondern vor mir flog ein

Hubschrauber. Das war schon geil! »Hey, I am the man!«, dachte ich. Das motiviert schon. Wenn man die Motorräder um sich hat, hat man zudem den kleinen Vorteil, dass man beim Radfahren leicht im Windschatten fährt. Das ist das Privileg des Führenden. Trotzdem darf man sich davon nicht ablenken lassen, muss sich um sein Rennen und seine Leistung kümmern. Mir geht es immer um die Sache, nicht um das Drumherum.

DRUCK – WELCHER DRUCK?

Der Druck, den ich mir mache oder der von außen kommt, gehört einfach dazu. Er ist extrem zugespitzt, da ich ja nur an zwei oder drei Tagen im Jahr absolute Höchstleistung bringen muss. Es gibt eben Leute, die sich auf den Tag X vorbereiten und dann Leistung abrufen können, und andere sind Trainingsweltmeister.

Nach meinem Sieg auf Hawaii fiel es mir schwer, Ruhe und Kraft zu tanken, weil ständig irgendwelche Anfragen von außen kamen. Am besten tanke ich Ruhe und Kraft, wenn ich schlafe – das ist das beste Regenerationsmittel für mich – oder wenn ich im Trainingslager bin und nur mit meinen Leuten abhänge.

Zum Glück habe ich nicht das Gefühl, dass ich Zeit vergeude, wenn ich nicht trainiere. Jeder Mensch versucht so viel Quality Time zu haben, wie es nur geht. Ich natürlich auch. Nur definiert sich die sicher für jeden anders. Für mich ist Quality Time z. B. auch Training in schöner Umgebung – Gardasee bei 28 °C, Monte Baldo –, erheblich besser, als zuhause auf meinem Ergobike zu fahren. Quality Time kann auch ein netter Abend beim Kartenspielen mit meinen Kumpels sein.

TJA, MEIN STUDIUM …

Kürzlich bin ich auf Spiegel Online in einer Liste der prominenten Studienabbrecher aufgetaucht in erlauchter Umgebung mit Anni Friesinger, Günther Jauch oder Bill Gates. Das ehrt mich

aber nicht wirklich. Ich bin vielmehr ein Studienunterbrecher; ich kann einfach nicht zwei anspruchsvolle Sachen gleichzeitig machen. Dass ich letztendlich aufgehört habe zu studieren, ist für meine Eltern eher unangenehm. Mein Vater, promovierter Chemiker, hätte es schon gern gesehen – und meine Mutter natürlich auch –, dass ich mein Studium beende. Andererseits haben meine Eltern mich natürlich darin bestärkt, mein Talent zu nutzen, sodass ich jetzt in der

Weltspitze mithalten kann. Als Historiker bin ich bestenfalls Mittelklasse. Meinen Eltern war am Anfang relativ egal, wie viel Sport ich gemacht habe. Da ging es nur darum, ob die Noten gut sind. Wenn die okay waren, war es egal, wann ich zuhause bin. Natürlich haben sie mich finanziell unterstützt oder mich irgendwo hingefahren, wenn das nötig war. Aber sie haben nie von mir verlangt, mehr oder weniger zu trainieren. Es ging immer nur um eines: gute Noten und danach studieren. Eigentlich hätten sie gerne gehabt, dass ich Medizin oder Jura studiere, aber das war dann letztendlich doch nicht so wichtig. Geschichte und Kulturwissenschaften des Orients wollte ich deswegen studieren, weil ich mich schon immer für Geschichte interessiert habe. Zum anderen wollte ich die Sprachen des orientalischen Kulturkreises lernen: Türkisch, Persisch, Osmanisch. Im Nebenfach belegte ich dann noch Semitistik, Arabisch und Hebräisch.

Natürlich hab ich von allen Sprachen nur Grundkenntnisse, am weitesten bin ich in Türkisch gekommen. Aber ich wollte einfach dem Sport mehr Zeit widmen als dem Studium. Für mich persönlich wäre es schon befriedigend, noch abzuschließen. Ich habe da schließlich auch viel Zeit investiert. Je länger man vom Studium weg ist, umso schwieriger wird ein Wiedereinstieg allerdings. Aber ich werde mir Mühe geben.

DER SPORT HAT SEINEN PREIS

Zeit für normale Dinge wie Kino oder Kneipe war mit Studium und Sport quasi nicht mehr vorhanden. Früher bin ich morgens zur Schule, mittags zum Essen nach Hause und erledigte dann vielleicht noch die Hausaufgaben. Dann stand bis zum Abend Training an. Während des Studiums hab ich erst trainiert, bin dann in die Uni, kam nach Hause und habe bis spätabends nochmal trainiert. Der Tag war einfach komplett ausgefüllt. Da habe ich nichts anderes mehr gemacht, es gab nur Uni und Sport.

Damals hat mir das genügt, und ich habe auch nichts vermisst, weil mich etwas anderes auch nicht befriedigt hätte. Mit der Zeit ist man aber nicht mehr so stressresistent, und der Sport fordert seinen Tribut. Ein Leben, in dem jede Minute mit etwas vermeintlich Sinnvollem ausgefüllt ist, hält man nicht lange durch.

Spätestens mit 25, wenn man schon so viele Jahre in dem Sport ist und das Niveau immer höher wird, ist man nicht mehr so konzentrationsfähig. Ich hab das deutlich gemerkt, als ich an der Uni einen Hebräischkurs belegen wollte, den man normalerweise in einem Semester machen muss. Da ging's ziemlich zur Sache: fünfmal in der Woche morgens zwei Stunden Hebräisch, Nachbereitung oder Lernen und dann noch ein Trainingskursus, in dem man zwei bis drei Stunden Hebräisch übersetzt. Da war ich einfach fertig. Ich war richtig kaputt.

Heute weiß ich, man braucht auch einfach Zeit zum Nichtstun. Ich brauche Zeit zum Abhängen, auch vorm Fernseher, ich brauche Zeit zum Schlafen, und ich brauche inzwischen mehr Zeit, um mich zu irgendetwas aufzuraffen. Die Regeneration wird, je älter man wird, immer langwieriger. Man ist zwar viel schneller fit – zwei Wochen Training und alles ist wieder da, weil sich der Körper an alle Reize erinnert –, aber man kann einfach nicht mehr ständig Gas geben.

HAWAII FAND ICH ZIEMLICH COOL

Obwohl ich erst 28 bin, bin ich doch relativ trainingsalt, weil ich eben schon mit 16 Jahren begonnen habe. Angefangen habe ich mit Schwimmen, bin schnell besser geworden und war schließlich in der ersten Mannschaft. Es war dann aber auch relativ schnell klar, dass ich kein großer Schwimmer werde, und daher bin ich neben dem Schwimmtraining gelaufen. Mit 16 lief ich meinen ersten Marathon und sah wenig später Bilder von Hawaii. Das fand ich ziemlich cool, und mir war schnell klar, dass ich da auch einmal dabei sein wollte. Ich wollte auch ein Ironman werden. Dann hab ich mich da angemeldet. Zunächst machte ich einen Kurzdistanz-Triathlon in Deutschland, in Karlsfeld, der zweite Triathlon war schon der Ironman auf Lanzarote. Dann ging's los. Dann war ich da einfach drin und habe Triathlon trainiert und eben nicht mehr nur Schwimmen.

Hawaii ist natürlich etwas ganz Besonders. Zum einen sind da die Besten der Besten. Es ist die Weltmeisterschaft, es ist der prestigeträchtigste Wettkampf, es geht um das meiste Preisgeld. Das andere ist, dass die Insel unglaublich schön ist und etwas Besonderes hat, was einfach nicht erklärbar ist. Hawaii hat ein ganz eigenes Flair. Man muss diese Insel mögen oder sich mit ihr anfreunden, um dort erfolgreich zu sein. Hawaii ist mein absoluter Lieblings-Wettkampf.

IMMER UNTERWEGS

Als ich 2001 den Ironman auf Hawaii bestritt, dachte ich vorher, die ziehen mich bei der Einreise in die USA bis auf die Unterhose aus. Das Gegenteil war der Fall, es gab überhaupt keine Probleme. Der Pass mit dem Adler drauf hat alles geklärt. Das viele Unterwegssein ist schon auch anstrengend. Auf der einen Seite sieht man zwar viel und lernt viele Leute kennen. Auf der anderen Seite gerät man sehr schnell in eine Triathleten-Szene aus der man nicht mehr so leicht rauskommt. Alle Freunde sind Triathleten, man hängt nur noch mit Triathleten ab. Wenn man sich so in der Mittelklasse bewegt, droht echte »Triathletisierung« und die alten Freunde machen Karriere in ihren normalen Berufen, die sieht man immer seltener. Anders ist es, wenn man erfolgreich ist. Da wird man auf viele Veranstaltungen eingeladen und lernt viele neue und unterschiedliche Leute kennen. Ich habe zum Glück viele – alte und neue – Freunde, die nichts mit Sport am Hut haben.

Wenn ich lange unterwegs bin, bekomme ich nach einer gewissen Zeit schon Heimweh. Ich freue mich dann sehr auf meine Eltern und Freunde, meine gewohnten Trainingsstrecken, die Laufgruppe oder auch den Schwimmverein. Ich trainiere meistens im Olympiabad in München, einmal die Woche mit einer Triathleten-Gruppe und einmal die Woche allein.

Urlaub ist für mich, wenn ich zuhause bin. Da ist es einfach am schönsten. Wenn ich auf Achse und bei Wettkämpfen bin, verfolgen das meine Eltern relativ genau, besonders auf Hawaii. Aber sie rufen mich nicht ständig an. Das möchte ich auch gar nicht. Bei kleineren Wettkämpfen fragen sie mich erst hinterher, wie es gelaufen ist.

ICH BIN MEIN EIGENER MANAGER

Dass ich keinen Manager habe, hat sich einfach so ergeben. Ein Manager kriegt einen Lachkrampf, wenn ich ihm sage, dass ich von einem Sponsor 5000 Euro im Jahr bekomme. Bei zehn Sponsoren sieht die Sache natürlich schon wieder anders aus, aber meistens hat man am Anfang nur einen, vielleicht zwei. Was soll ein Manager da verhandeln? Da bekommt er ja auch nichts. Ich rede lieber selber mit meinen Sponsoren über Geld. Ich kann gut verhandeln und mich selber vermarkten.

Ein einfacher Triathlet aus der zweiten Reihe verdient zwischen 20000 und 30000 Euro netto im Jahr. Das ist nicht besonders viel, wenn man bedenkt, dass ich diesen Beruf nicht bis ans Ende meiner Tage machen kann. Und um in die zweite Reihe zu kommen – dafür muss ich schon was draufhaben! Viele brauchen etwa fünf Jahre, um in diese Liga zu kommen und sind dann so Anfang oder Mitte zwanzig. Es gibt auch viele, die nebenher ihren normalen Beruf ausüben – Markus Forster z. B. ist Kaminkehrer, Dave Harju aus Kanada Lehrer, Tom Evans Zahnarzt. Die arrangieren es dann so, dass Sport und Beruf nicht miteinander kollidieren. Viele haben eine abgeschlossene Ausbildung oder einen Studienabschluss – Christoph Mauch aus der Schweiz beispielsweise ist Mathematiker. Manche müssen auch zusätzlich Spinning-Kurse geben oder sie machen Trainingsplanung. Es gibt nicht so viele Profi-Triathleten, die nichts anderes machen als trainieren.

WIE LANGE WILL ICH DAS DURCHZIEHEN?

Peter Reid, der eine Musterkarriere hinter sich hat, war elf Jahre auf Hawaii dabei und hat dreimal gewonnen. Unter den Top vier war er siebenmal, ein einziges Mal ist er nicht angekommen. Er hat acht Ironman-Siege – das ist das Karriere-Vorbild. Das bedeutet, dass man zehn Jahre in der absoluten Weltspitze sein kann. Bei manchen geht es ein wenig länger, einige sind früher ausgebrannt.

Es kommt sehr darauf an, wie verantwortungsvoll man mit seinem eigenen Körper umgeht, wie weit man bereit ist, das Training umzustellen und inwieweit man bereit ist, mit Gewohnheiten zu brechen. Natürlich muss man auch das Glück haben, gesund zu bleiben. 1997 brach Chris Legh kurz vor dem Ziel zusammen und musste ins Krankenhaus gebracht werden, weil er schwere Darm-Einblutungen hatte. Nach diesem Vorfall konnte er nie wieder einen guten Ironman machen.

Ans Limit zu gehen, ans absolute Limit – das ist das Bemerkenswerte an meinem Sport. Das sollte man aber nicht falsch verstehen. Magenblutungen oder Ähnliches sind definitiv über dem Limit. Das hat nichts mehr mit Leistungssport zu tun. Es geht darum, die Leistungsgrenzen auszuloten. Wenn man im Ziel ist, ist man leistungsmäßig definitiv am Ende, man hat alles gegeben. Zur schnellen Regeneration kann man sich nach dem Zieleinlauf eine Infusion geben lassen. Ich mag das allerdings nicht besonders, weil ich nicht so gern Nadeln im Körper habe.

ES MUSS NICHT IMMER PLATZ EINS SEIN

Unter den Top drei oder auf Platz 15 zu landen, macht natürlich einen Unterschied. Es ist schwierig, um den achten Platz zu kämpfen, wenn man auf Platz zehn liegt und so einen Wettkampf auf Hawaii schon mal gewonnen hat. Das ist eine psychologische Herausforderung. 2006 bin ich als Achter vom Rad gestiegen, und normalerweise bin ich nicht der Klasse-Läufer. Ich habe mich dann einfach zusammengerissen und wurde durch einen guten Marathon Dritter. Darauf bin ich stolz. Normalerweise gehe ich mit einem Vorsprung in den Marathon und verteidige diesen dann, so gut ich kann.

Als ich 2006 auf Hawaii Dritter wurde, sind viele auf mich zugekommen und haben vorsichtig gefragt, ob ich mich darüber überhaupt freuen könnte, ob ich mir insgeheim nicht mehr ausgerechnet hätte. Sie haben vermutlich gemeint, dass ich mir mehr als den dritten Platz versprochen hatte. Ich wusste natürlich auch, dass viele Leute gemeint haben, ich könnte wieder gewinnen. Ich konnte diese Fragen nachvollziehen, und mir war klar, dass sie nicht negativ gemeint waren. Also habe ich alle Fragen so gut beantwortet, wie ich konnte. Beim nächsten Mal gewinne ich hoffentlich wieder beim Ironman auf Hawaii.

JA, DIE ZUKUNFT – MAL SEHEN, WAS ICH DA MACHEN WERDE …

Momentan lasse ich die Sache so laufen, wie sie ist. Auf der anderen Seite überlege ich mir natürlich schon, was mir Spaß machen würde, wenn ich mal nicht mehr aktiv dabei bin. Ich könnte mir zum Beispiel vorstellen, sportlicher Leiter eines Triathlonteams oder Trainer zu werden. Viel Geld kann man damit nicht verdienen, das muss ich versuchen, schon vorher zu machen. Allerdings mache ich den Sport primär nicht, um damit Geld zu verdienen. Das ist ein angenehmer Nebeneffekt. Wenn es mir keinen Spaß mehr macht, werde ich sicherlich nicht lange überlegen und einfach aufhören.

Doch auch im höheren Alter mache ich bestimmt noch Sport. Wahrscheinlich werde ich noch Rad fahren und schwimmen oder auch Kanu fahren. Laufen werde ich eher nicht mehr, weil meine Knie bis dahin vermutlich zu sehr beansprucht sind. Aber ich werde auf jeden Fall noch Sport machen, sofern ich körperlich dazu in der Lage bin. Alles andere wäre ein sehr unlebenswertes Leben für mich. Ich bin aber kein Freund davon, dass jemand, der zwanzig Jahre lang Profi war, bei Wettkämpfen als Age-Grouper, als Altersklasse-Athlet antritt. Das ist lächerlich. Viele Triathleten schaffen den Absprung nicht. Für sie ist es psychisch unerträglich, nach zwanzig Jahren das Rad hinzuschmeißen und keinen Triathlon mehr zu machen. Wenn man kein Profi war, ist das eine ganz andere Sache. Als Hobby soll man das ruhig bis 80 machen. Das ist dann einfach cool und auch sehr gesund, wenn man es nicht übertreibt. Aber ein Profi, denke ich, sollte nach seinem Karrierehöhepunkt vielleicht noch ein oder zwei Jahre dranhängen und aufhören, wenn er merkt, dass er nicht mehr vorne mithalten kann. Dann ist Schluss, und dann kommt man besser auch nicht mehr zurück.

Faris' Steckbrief und Karrierehighlights

Faris Al-Sultan hat für sein Alter schon erhebliche Erfahrung auf allen Wettkampfstrecken vorzuweisen. Bereits mit 19 Jahren (1997) hat er beim Ironman Lanzarote seine erste Langstrecke erfolgreich beendet, mit 16 lief er seinen ersten Marathon (1994).

Gekrönt wurde seine bisherige Laufbahn jedoch mit dem Sieg bei den Deutschen Meisterschaften 2000 über die Langdistanz in einer hervorragenden Zeit von 8:22 Stunden. Er deklassierte den bis dahin amtierenden Deutschen Meister Sigi Ferstl um 15 Minuten.

2001 konnte er noch eins draufpacken und wurde beim Ironman in Brasilien hervorragender Zweiter, um 2003 den Titel des Deutschen Meisters über die Mitteldistanz zu erzielen.

Seine Highlights lieferte er in den Jahren 2004 und 2005 ab. Nach einem hervorragenden zweiten Platz beim Quelle Challenge Roth mit langer Soloflucht vor dem gesamten Profifeld, kann er beim Ironman Hawaii Platz 3 erreichen.

Die Leistungen des Jahres 2005 schließen nahtlos an die des Vorjahres an: Platz 1 bei der Premiere des Ironman Arizona am 9. April. Nach Verletzung durch Sturz bei den Deutschen Meisterschaften in Potsdam muss er in Roth pausieren, um dann stärker denn je in Hawaii an den Start zu gehen. Als Dritter aus dem Wasser fährt er lange Zeit an der Spitze des Feldes, um schließlich als Zweiter

Nach dem Ironman Hawaii 2006 endlich ein wohlverdientes Erdinger Weißbier.

auf den Marathon zu wechseln. Er lässt sich hier den Sieg nicht mehr nehmen und wird nach Thomas Hellriegel (1997) und Normann Stadler (2004) der dritte deutsche Athlet mit einem Sieg auf Hawaii.

DIE WICHTIGSTEN FAKTEN

NAME FARIS AL-SULTAN

NATIONALITÄT DEUTSCH

GEBURTSORT MÜNCHEN

GEBURTSTAG 21. JANUAR 1978

WOHNORT MÜNCHEN

FAMILIENSTAND LEDIG

BERUF STUDENT DER GESCHICHTE UND KULTUR DES NAHEN ORIENTS AN DER LUDWIG-MAXIMILIAN-UNIVERSITÄT MÜNCHEN (LMU MÜNCHEN)

VEREINE TV THALMÄSSING (ERSTSTARTRECHT)
TRIATHLON TEAM WITTEN (ZWEITSTARTRECHT)
3ATHLON.ORG E.V.

EHRENMITGLIEDSCHAFT IM ÜBERREGIONALEN VEREIN FREIER WASSERSPORT MÜNCHEN

KARRIEREZIELE

Olympiateilnahme, IRONMAN-Sieg, Hawaii-Top-3-Platzierung festigen, weiterer Deutscher Meistertitel, egal ob auf Kurz-, Mittel-, oder Langdistanz.
Natürlich alles ohne Doping – wenn es nicht klappt, macht es auch nichts.

ERGEBNISSE

BESTZEITEN

LANGDISTANZ 7:58:57 h (ROTH)
200 m KRAUL 2:01 min
1500 m KRAUL 16:50 min
10 km STRASSE 31:54 min

INTERNATIONALE MEISTERTITEL

FORD IRONMAN HAWAII
TRIATHLON WORLD CHAMPION 2005

DEUTSCHE MEISTERTITEL

DEUTSCHER MEISTER LANGDISTANZ, 2004 (ROTH)
DEUTSCHER MEISTER MITTELDISTANZ, 2002 (IMMENSTADT)
DEUTSCHER MEISTER LANGDISTANZ, 2000 (KULMBACH)

SPONSOREN

ERDINGER | ASICS | CANNONDALE | 2PEAK
3ATHLON EZINE | ALVA NATURKOSMETIK | AQUA SPHERE
AUDI ZENTRUM INGOLSTADT | COMPUTERSHARE
CONTINENTAL | OAKLEY EYEWEAR | POWERBAR
ADSPORT BUCHSTALLER | SCHOBERER SRM
STEINBACH UND PARTNER | XENTIS COMPOSITE

2

Beim Ironman Hawaii 2005 auf dem Queen K Highway unterwegs in Richtung Sieg.

ERFOLGSSTORY TRIATHLON

»DIE LEUTE WOLLEN AUS IHREM NORMALEN LEBEN AUSBRECHEN. HAWAII IST DA WIE EIN ABENTEUERTRIP.«

THOMAS HELLRIEGEL

DIE ERFOLGSSTORY TRIATHLON

Die Anfänge des Triathlon sind in Insiderkreisen wohlbekannt, doch die schon beinahe legendäre Entstehungsgeschichte des Ironman auf Hawaii sei hier nochmals für alle erzählt. Die Wiege des Triathlon steht wahrscheinlich in Kalifornien. Hier traten bereits Anfang der 1970er-Jahre Athleten verschiedener Sportarten in kombinierten Wettkämpfen gegeneinander an. Schwimmer, Radfahrer, Läufer und Kanuten trugen multidisziplinäre Wettbewerbe untereinander aus. Diese Sportler galten zu jener Zeit als Exoten. Es ging darum, die Herausforderung zu suchen und die Motivation aufzubringen, den Beweis für die eigene Leistungsfähigkeit in mehr als einer Sportart zu erbringen.

Raceday auf Hawaii – noch herrscht Ruhe und Frieden beim Sonnenaufgang in der Bucht von Kona.

DER ERSTE TRIATHLON

Der erste echte Triathlon war vermutlich der von zwei Athleten aus San Diego, Kalifornien veranstaltete Wettkampf über 4,5 Kilometer Laufen, 8 Kilometer Radfahren, 400 Meter Schwimmen und weiteren 3,2 Kilometer Laufen sowie 400 Meter Schwimmen. Diese Sportler, Jack Johnstone und Don Shanahan, hatten Ihre Bekanntschaft über den San Diego Track Club geschlossen. Johnstone machte sich nach Teilnahmen am David Pain's Birthday Biathlon stark für eine eigene Veranstaltung. Er plante, eine längere Schwimmdistanz in seinen Wettkampf aufzunehmen. Shanahan hingegen schlug die Aufnahme von Radfahren als dritte Disziplin vor. Als Johnstone dem ihm bis dato wenig bekannten Radrennen zustimmte, war der erste Triathlon geboren. Am 25. September 1974 fiel der Startschuss für den Mission Bay Triathlon. Johnstone selbst gab diesem Sport den Namen. Er leitete den Begriff einfach von der griechischen

Bezeichnung für Dreikampf ab, wie es auch bei bestehenden Mehrkämpfen wie Fünfkampf (Pentathlon), Siebenkampf (Heptathlon) und Zehnkampf (Decathlon) geschehen war.

MYTHOS HAWAII

Bis 1978 entwickelte sich der Triathlon weiter und zog so größeres Interesse auf sich. Vier Jahre nach dem Wettkampf in Mission Bay wurde U.S. Navy Commander John Collins nach Hawaii versetzt. Collins hatte bereits 1974 in Mission Bay teilgenommen und debattierte nun eines Abends mit anderen Athleten darüber, wer denn nun trainierter sei – Schwimmer, Radfahrer oder Läufer. Nach heißen Diskussionen schlug er vor, einen Wettkampf zu veranstalten, der aus dem Waikiki Rough Water Swim über 2,4 Meilen (3,86 Kilometer), dem Ride around the Island über 180,2 Kilometer (112 Meilen) und dem Honolulu-Marathon über 42,2 Kilometer (26,2 Meilen) bestehen sollte.
15 Sportler stellten sich am 18. Februar 1978 der Herausforderung, die drei Disziplinen nonstop hintereinander zu absolvieren. Der Siegerpokal wurde aus Eisen in Gestalt eines Mannes geformt, sodass John Collins beschloss: »Whoever finishes first – we will call him the Ironman.« Es war der Taxifahrer Gordon Haller, der in einer Zeit von 11:46:58 Stunden den ersten Ironman für sich entscheiden konnte. Ein Jahr später wurde Lyn Lemaire aus Boston die erste Ironwoman, die sich als Gesamtsechste im Männerfeld behaupten konnte.

DER TRIATHLON-BOOM

Das US-Fernsehen übertrug 1980, nur zwei Jahre nach der Premiere, das Rennen. Immer mehr Athleten nahmen an dem Ereignis teil, und seine Popularität stieg immens. Der Dreikampf wurde vor allem durch Athleten wie Dave Scott (in Triathlonkreisen: The Man), Paula Newby-Fraser, Mark Allen (The Grip) und Julie Moss weltbekannt. In den Medien genossen die Spitzenathleten große Aufmerksamkeit, und so riss der Zulauf zum Triathlon nicht ab – im Gegenteil.

Die Internationale Triathlon Union (ITU) trug 1989 im französischen Avignon erste offizielle Weltmeisterschaften aus. Aber schon Anfang der 1980er-Jahre gab es eine Vielzahl von kürzeren Wettkämpfen und inoffiziellen Weltmeisterschaften. So war es nur eine Frage der Zeit, dass aus der Randgruppensportart im Jahr 2000 im australischen Sydney eine olympische Disziplin wurde. Die Strecken von 1,5 Kilometer Schwimmen, 40 Kilometer Radfahren und 10 Kilometer Laufen sind heute die Olympiadistanz. Milliarden Zuschauer erlebten mit der Live-Übertragung der ersten beiden olympischen Triathlons zwei spektakuläre Wettkämpfe.

Millionen Athleten sind heute in weltweit über 100 Triathlonverbänden organisiert, die bei tausenden Veranstaltungen gegen die Uhr, gegen die Konkurrenz, aber vor allem gegen sich selbst kämpfen.

Hawaii 2004: Normann Stadler ist auf dem Weg zu seinem ersten Sieg auf Big Island.

Der Ironman auf Hawaii gab den Anstoß für erste organisierte Triathlonwettkämpfe in Deutschland. Ein etwa zehnminütiger Zusammenschnitt des amerikanischen Senders ABC, der seit den Anfängen exklusiv über den Ironman Hawaii Bericht erstattete, wurde 1981 im ZDF ausgestrahlt.

TRIATHLON IN DEUTSCHLAND

Nach diesem Ideal von Hawaii wurde am 25. April 1982 der erste Triathlon Deutschlands in Essen über die Distanzen von 1 Kilometer Schwimmen, 70 Kilometer Radfahren und 10 Kilometer Laufen ausgetragen. Weitere Veranstaltungen schlossen sich noch im selben und darauffolgenden Jahr in Kehl und Immenstadt an, wo 1984 auch die erste deutsche Meisterschaft über 1,9 Kilometer Schwimmen, 115 Kilometer Radfahren und 29 Kilometer Laufen stattfand. Nur ein Jahr später folgte Europas Triathlonelite dem Wettkampfruf wiederum nach Immenstadt, wo die erste offizielle Europameisterschaft stattfand. Nach der Entwicklung einer organisierten Struktur fusionierten am 23. Februar 1985 der Deutsche Triathlon Verband (DTV), der sich am Triathlon als Leistungssport orientierte, mit dem Deutschen Triathlon Bund (DTrB), dessen Ausrichtung zum Breitensport tendierte. Diese beiden Verbände begründeten die Deutsche Triathlon Union (DTU). Die Aufnahme in den Deutschen Sportbund folgte nur zwei Jahre später. Dort hat sich Triathlon schnell Reputation verschafft und etablierte sich als ernsthaft praktizierter Leistungssport. Den Ruf als reine Trendsportart und Modeerscheinung hat der Sport längst abgelegt. Und der Mythos »Abenteuer Triathlon« lebt!

Die fortwährend wachsenden Mitgliederzahlen im nun deutschlandweit agierenden Verband erforderten eine Neuregelung und Umstrukturierung,

Schwimmstart beim Quelle Challenge in Roth.

womit neben der Aus- und Fortbildung von Trainern und Wettkampfrichtern eine bessere Förderung des Nachwuchses möglich wurde. In Roth kämpften europäische Athleten seit 1988 um die Qualifikation für einen der heiß begehrten Startplätze (Slots) beim Ironman Hawaii. Den Status als Ironman-Qualifikationswettkampf hat der Triathlon in Roth seit 2001 jedoch wieder eingebüßt, da die Auflagen des Ironman-Status für die Organisatoren nicht mehr akzeptabel waren. Aber die Marke Roth musste seither nicht um ihren Ruf bangen, denn Roth ist nach wie vor neben Frankfurt eines der attraktivsten und schillerndsten Triathlonzentren überhaupt, weil 100 000 Zuschauer und bis zu 2.700 Athleten den »Quelle Challenge Roth«, wie er seit dem Bruch mit der Marke IRONMAN im Jahr 2001 heißt, zu einem sportlichen und von den Medien vielbeachteten Spektakel machen.

TOP-LEISTUNGEN UND REKORDE

Triathlon hat in seiner noch jungen Geschichte bereits viele Highlights gesetzt und Kurioses, Beachtliches sowie beinahe unglaubliche Leistungen hervorgebracht. Dazu zählen vor allem die Topresultate der Profis, die den Sport in immer neue Dimensionen geführt haben. 1984 knackt Dave Scott als erster Mensch die Neun-Stunden-Schallmauer auf Hawaii und siegt in 8:54:20 Stunden. Zwei Jahre später unterbietet er, wiederum auf Hawaii, auch die 8,5-Stunden-Marke und gewinnt mit 8:28:37 Stunden seinen nächsten Titel.

Beim mitunter wohl spannendsten Ironman der Geschichte auf Hawaii triumphierte 1989 Mark Allen und feierte seinen ersten WM-Titel. Der Zweikampf mit Dave Scott auf der abschließenden Marathonstrecke ging als eines der berühmtesten

Oben: Ein Athlet auf dem Weg über den Solarer Berg, das Stimmungsnest deutscher Triathlonveranstaltungen.
Unten: Gut drauf – Lothar Leder im Ziel beim Quelle Challenge in Roth.

Sportduelle auch unter der Bezeichnung »Ironwar« in die Geschichte ein und läutete die Ära des Mark Allen ein. In diesem ultimativen Wettkampf konnte Allen sich erst auf den letzten Kilometern von Scott absetzen und das Kopf-an-Kopf-Rennen für sich entscheiden. Seine Siegerzeit von 8:09:15 Stunden war ein Meilenstein für Hawaii. Diesen Streckenrekord sollte er 1993 nochmals um 1:30 Minuten unterbieten.

Die bis dato nie erreichte Acht-Stunden-Marke, die Hürde, an der sich schon viele die Zähne ausgebissen hatten, unterbot Lothar Leder 1996 beim Ironman in Roth als erster Mensch überhaupt. Im folgenden Jahr bildeten drei Athleten beim Deutschen Tag auf Hawaii die Phalanx der Ironmen und erkämpften sich die Podiumsplätze.

Thomas Hellriegel gewann nach seinem zweiten Platz des Vorjahres als erster deutscher Sieger in 8:33:01 Stunden die Triathlonkrone, vor seinen Landsleuten Jürgen Zäck und Lothar Leder. Im selben Jahr erzielten gleich vier Athleten beim »Quelle Ironman Europe« ein Finish unter acht Stunden. Luc van Lierde setzte mit seiner Traumzeit von 7:50:27 Stunden eine neue Bestmarke.

Die unglaubliche Serie von Topzeiten in Roth zieht sich wie ein roter Faden durch die Resultate beim deutschen Ironman. Gesamtzeiten von unter neun Stunden bei den Frauen bedeuteten 1991 für Thea Sybesma und später für Paula Newby-Fraser neue Weltbestzeiten. Nicole Leder setzte 2003 eine bis dahin unerreichte Zeit für den Marathon-Split und blieb mit 2:57:49 Stunden unter drei Stunden Laufzeit.

Deutsche Athleten haben sich in der Weltspitze etabliert. Die Hawaii-Siege von Normann Stadler und Faris, sowie Stefan Vuckovics Silbermedallie von Sydney, trugen maßgeblich dazu bei und werden sicherlich auch in Zukunft Ansporn für den Nachwuchs sein, ihren Idolen nachzueifern, gerade so, wie Faris in die Fußstapfen seines Vorbilds Thomas Hellriegel getreten ist.

Timo Bracht, verfolgt von Lothar Leder.

TRIATHLONDISTANZEN

Die heute festgelegten Distanzen erfordern von den Athleten unterschiedliches Profil und haben deshalb alle ihren Reiz. Der Ironman, die Ultra-Distanz, ist wohl das Nonplusultra aller Triathlonstrecken. Er gilt bei vielen Athleten deshalb auch als wahrer, ursprünglicher Triathlon. Jedoch jede Strecke stellt seine eigene Herausforderung an die Sportler, sich zu überwinden und ihr Bestes zu geben. Durch das stetig steigende Niveau der Kontrahenten, die Vielzahl der Wettkämpfe und das wachsende öffentliche Interesse sind die Anforderungen an die Athleten soweit gestiegen, dass es Sinn macht, sich auf eine Strecke zu spezialisieren. Wer sich für die Kurzstrecke entscheidet, trainiert nicht im Hinblick auf lange Distanzen. Deshalb verdienen die Finisher jeder Distanz gleichermaßen Beachtung, ob sie nun mit Ambitionen auf den Sieg beim Ironman gestartet oder mit der Teilnahme am Volkstriathlon bis an ihre Grenze gegangen sind. Es haben sich Wettkampfdistanzen herauskristallisiert, die jedem die Chance geben, diese ultimative Herausforderung anzunehmen.

AUSDAUERSPORT UND GESUNDHEIT

Ausdauersport lässt sich, die Gesundheit vorausgesetzt, in jedem Alter beginnen. Dabei bleibt es dem Einzelnen selbst überlassen, wie stark man sich belastet. Resultat wird jedoch bei jedem sein, der regelmäßig und dosiert trainiert, dass er eine Steigerung seiner Herz- und Kreislaufleistung feststellen kann. Wer sich darüber hinaus realistische Ziele steckt und der individuellen Leistungsfähigkeit angepasst trainiert, wird diese auch erreichen.

Wichtig ist nicht, besser zu sein als andere oder unbedingt zu siegen, sondern was zählt, ist der persönliche Erfolg. Ausdauertraining verlangt in letzter Instanz nicht nur, konsequent mit sich selbst, sondern auch geduldig zu sein. Als Untrainierter wird es unmöglich sein, innerhalb kurzer Zeit für Hawaii fit zu werden.

ULTRA- ODER LANGDISTANZ/IRONMAN

3,8 km SCHWIMMEN

180 km RADFAHREN

42,195 km LAUFEN (MARATHON)

KURZ- ODER OLYMPISCHE DISTANZ

1,5 km SCHWIMMEN

40 km RADFAHREN

10 km LAUFEN

HALF (70.3) IRONMAN

1,9 km SCHWIMMEN

90 km RADFAHREN

21,1 km LAUFEN

VOLKSDISTANZ (VARIIERT Z. T.)

0,5 – 0,7 km SCHWIMMEN

20 – 30 km RADFAHREN

5 – 10 km LAUFEN

MITTELDISTANZ

2 km SCHWIMMEN

80 km RADFAHREN

20 km LAUFEN

3

Der Start zur Triathlon-Europameisterschaft 2004 im spanischen Valencia, mit dabei als Nr. 5 ist Daniel Unger.

DISZIPLINEN UND REGELN

»WENN DU BEIM IRONMAN ÜBERZOCKST,
ALSO 10 MINUTEN SCHNELLER RAD FÄHRST,
BEKOMMST DU MINDESTENS 20 MINUTEN BEIM
LAUFEN GESCHENKT. DIE GIBT ES GRATIS.«

UNBEKANNTER TRIATHLET

TRIATHLON-REGELN

Die Teilnahme an einer Triathlonveranstaltung setzt ein hohes Maß an Eigenverantwortung des Athleten voraus. Dieses Verantwortungsbewusstsein gilt nicht nur in Bezug auf persönliche Belange, wie körperliche Fitness und Gesundheit. Faires Verhalten gegenüber allen Beteiligten ist genauso wichtig, wie deren Sicherheit, zu der jeder Wettkämpfer durch die Einhaltung der Regeln beitragen kann.

Kontrahenten schenken sich auf der Strecke nichts. Dennoch müssen sie darauf achten, dass sie sich weder behindern noch gefährden. Das Verhalten im laufenden Wettbewerb wird nicht zuletzt durch strenge Vorschriften und Auflagen reglementiert. Dies gilt auch für das komplexe Equipment, damit die sportliche Auseinandersetzung nicht allzu sehr einer Materialschlacht zum Opfer fällt. Die technische Absicherung der Ausstattung schützt nicht nur den einzelnen Teilnehmer, sondern im Ernstfall, beispielsweise bei Stürzen oder Kollisionen, auch die Konkurrenz. Triathlon ist ein Einzelwettkampf. Das bedeutet allerdings nicht den Freifahrtschein für eine egozentrische Wettkampfgestaltung – ganz im Gegenteil.

In der Wechselzone Hawaii 2006.
Links im Bild ist mein Helm zu sehen.

WETTKAMPFORDNUNG

Die Disziplinen werden ohne Unterbrechung der Zeitnahme in der Aufeinanderfolge von Schwimmen, Radfahren und Laufen absolviert. Mitunter findet man bei der Vielzahl der Veranstaltungen auch Staffelwettbewerbe, bei denen drei Athleten jeweils eine Disziplin bewältigen. Sportliches Verhalten gebietet den Teilnehmern auch, die Wettkampfordnung des Veranstalters zu befolgen. Keinesfalls sollte man in Eigeninitiative vom vorgegebenen Streckenverlauf abweichen, ansonsten droht die Disqualifikation. Dennoch kann es vorkommen, dass es unvermeidlich ist, den Parcours zu verlassen. Der Wettkampf muss jedoch in solchen Fällen an gleicher Stelle wieder aufgenommen werden.

Außerplanmäßige Unterbrechungen kommen vor. Dann gilt es, Ruhe zu bewahren und den Wettkampf mit dem gebotenen Respekt gegenüber allen Beteiligten ohne Schuldzuweisungen fortzusetzen. Dies zählt nämlich auch zu den Grundsätzen der Fairness und ist Bestandteil der Regeln!

DOPING VERBOTEN!

Die jüngsten Dopingfälle haben gezeigt, dass man auch im Triathlon über das Thema »Doping« diskutieren muss. Grundsätzlich ist Doping verboten! Nicht nur aufgrund der Tatsache, dass man den Wettbewerb verzerrt und alle Beteiligten um ihre Verdienste bringt, sondern auch, weil man nicht zur eigenen Leistungsfähigkeit steht. Vorsätzliches Doping ist ein Zeichen von Schwäche. Fliegt die Täuschung auf, muss man mit empfindlichen Strafen rechnen. Wettkampfsperren sind kein kleines Übel, die man ohne weiteres wegsteckt. Durch den fehlenden Vergleich mit Kontrahenten verliert man den Anschluss, sodass die Karriere in diesem Moment bereits beendet sein kann. Der Verlust von Glaubwürdigkeit und Respekt macht es schwierig, bei weiteren Wettkämpfen anzutreten. Unbelastet stellt man sich nach legitimer Vorbereitung der Herausforderung Wettkampf – so sollte es sein!

WETTKAMPFBESPRECHUNG

Vor dem Start wird die Wettkampfbesprechung durchgeführt, an der jeder Athlet teilnehmen sollte. Die hier proklamierten Wettkampfinfos geben Auskunft über die Start- und Zielbereiche, den Streckenverlauf, Wechselzonen, Zeitlimits, und man erhält detaillierte Infos über den jeweiligen Wettbewerb.

Wer sich später wegen fehlender Information nicht zu orientieren weiß oder Regeln ignoriert, verliert unnötig Zeit oder kassiert Wettkampfstrafen. Verstöße gegen die in der Wettkampfbesprechnung formulierten Grundsätze und Regeln werden mit unterschiedlich harten Sanktionen geahndet. Diese reichen von Verwarnungen und Zeitstrafen bis hin zur Disqualifikation oder sogar dem unmittelbaren Ausschluss vom Wettkampf.

Lange, harte Piste: beim Ironman Hawaii auf dem Queen K Highway.

DIE DREI DISZIPLINEN DES TRIATHLON

Schwimmen, Radfahren und Laufen sind die drei gängigsten Ausdauersportarten, die eigentlich fast jeder Mensch in irgendeiner Form schon betrieben hat. Ganz egal, ob man lediglich beim Baden am Baggersee war, zum Bäcker mit dem Rad gefahren ist oder beim Fußballspielen gelaufen ist. Diese Vertrautheit mit den Sportarten macht den Einstieg beim Triathlon so leicht und verlockend. Aber obwohl alle drei Sportarten Ausdauersportarten sind, sind die Anforderungen in allen Disziplinen unterschiedlich, und auch der jeweilige Athletentyp ist anders.

JEDER ATHLET IST ANDERS

Schwimmer sind in der Regel sehr groß, sehr beweglich und sehr kraftvoll. Schwimmen ist schon aufgrund der Belastungszeiten von 50 Sekunden bis 15 Minuten, wenn man von dem im letzten Jahrzehnt populär gewordenen Langstreckenschwimmen absieht, eine Mittelzeitausdauersportart, bei der ein hohes Maß an Schnellkraft gefordert ist.
Radfahrer sind meist klein bis mittelgroß, relativ leicht, verfügen über extreme Ausdauer und müssen trotzdem noch in der Lage sein, Antritte mit enormer Schnellkraft fahren zu können. Sie brauchen sehr viel Kraftausdauer.

Dreimal ich: beim Schwimmen (oben), auf dem Rad (Mitte) und auf der Laufstrecke in Hawaii 2004 (unten).

Läufer sind die Ausdauerathleten schlechthin, sie sind meist klein bis mittelgroß und extrem leicht.

KOMPROMISSE MACHEN

Im Triathlon muss der Athlet nun versuchen, alle Anforderungen so gut als möglich zu erfüllen. Das bedeutet, dass Triathlon sowohl hinsichtlich des Trainings als auch im Bezug auf den Athletentyp einen ewigen Kompromiss darstellt. Das machte es so unterschiedlichen Typen wie dem kleinen Greg Welch, dem muskulösen Normann Stadler und dem großen, sehr schlanken Peter Reid möglich, Hawaii zu gewinnen, oder lässt Athleten wie Simon Lessing und Luc van Lierde erstaunliche Erfolge auf allen Triathlonstrecken feiern.

Dennoch kann man in den letzten zehn Jahren einen immer stärkeren Trend zur Spezialisierung feststellen, insbesondere aufgrund der hohen Leistungsdichte und der daraus resultierenden Freigabe des Windschattenfahrens auf der Kurzdistanz.

Das eigentlich Interessante ist die Vielseitigkeit des Sports. Die motorischen Herausforderungen des Schwimmens bzw. des nassen Elements, die materialtechnischen Möglichkeiten des Radfahrens und den auf die reine Ausdauer reduzierten Minimalismus des Laufens in einem Wettkampf kombiniert, das macht die Faszination Triathlon aus.

Glücklich im Ziel, nach dem 3. Platz auf Hawaii 2004.

SCHWIMMEN

Das Schwimmen gehört sicherlich bei den meisten Triathleten nicht zur beliebtesten Teilstrecke der drei Disziplinen. Dies liegt mitunter an den gefährlich anmutenden Massenstarts, bei denen es zu nicht gerade rücksichtsvollem Umgang der Schwimmer untereinander kommen kann. Wer sich beim Start nicht durchsetzen kann, ist in der Anfangsphase des Schwimmens chancenlos. Diese Tatsache muss nicht bedenklich sein, denn

aus der vermeintlichen Schwäche kann man ein taktisches Mittel machen. Sich im Kielwasser einer stärkeren Gruppe ziehen zu lassen und Kraft zu sparen, ist in dieser Situation eine probate Methode, die offensichtliche Unterlegenheit in einen Vorteil umzumünzen. Was beim Radfahren verboten ist, kann beim Schwimmen also von Nutzen sein.

2006 auf Hawaii beim Schwimmtraining in der Captain-Cook-Bucht. Erdbebenbedingt konnten wir nicht zum Captain-Cook-Denkmal schwimmen, da die Bucht gesperrt war.

DER RICHTIGE KRAULSTIL

Außerdem kommt hinzu, dass die Kraultechnik und die Einteilung der Schwimmdistanz viele Athleten vor Probleme stellen. Ein hoher Kraftaufwand beim Armzug ist weniger effektiv als die korrekte Körperhaltung und die Armtechnik. Der dadurch reduzierte Wasserwiderstand erlaubt dem Schwimmer ein schnelleres und effizientes Vorankommen. Je ruhiger und stromlinienförmiger der Körper im Wasser liegt, desto höher ist die Energieersparnis. Wenige, sauber ausgeführte Armzüge sind dabei erfolgversprechender als schnelles Kraulen.

Einen Wettkampf ambitioniert im Hinblick auf Verbesserung von Zeit oder Platzierung zu bestreiten, bedeutet, die Schwimmdistanz im Kraulstil absolvieren zu müssen. In dieser Technik vereinigen sich Schnelligkeit und geringer Leistungsaufwand am deutlichsten. Sicherlich ist es dem nicht ganz so versierten Schwimmer möglich, die erste Disziplin im Brustschwimmstil zu bewältigen, besonders, wenn man die Technik des Kraulens und den entsprechenden Atemrhythmus nicht einwandfrei beherrscht oder nicht über die volle Distanz durchhält. Die beim Brustschwimmen kräftezehrende Beinarbeit verschafft dem Athleten jedoch keine optimale Ausgangslage, wenn es auf den Wechsel zum Rad zugeht.

Mit einer guten Vorbereitung gewinnt man Selbstvertrauen. Durch kontinuierliches Training, nach Möglichkeit in einer Gruppe, kommt man schnell zu neuen Fertigkeiten. Der Körper lernt, mit dem Element Wasser umzugehen, und die Bewegungsabläufe werden dynamischer. Die subjektiven Erfahrungen lassen sich in der Gruppe analysieren und auswerten, wenn es beispielsweise um die Verbesserung der Technik geht. Die richtige Atmung ist wie in den anderen beiden Disziplinen auch die Grundlage für ein effektives Training. Um im Wettkampf die Strecke und die Konkurrenz beobachten zu können, ist es vorteilhaft, zu beiden Seiten atmen zu können. Dies trainiert man durch wechselseitige Atmung nach links und rechts bei jedem dritten Armzug.

REGELN BEIM SCHWIMMEN

Die Sportordnung der Deutschen Triathlon Union (DTU) regelt ihre Triathlons durch verbindliche Grundsätze. Für das Schwimmen sieht die Sportordnung unter anderem die hier folgenden Vereinbarungen vor: Der Schwimmstil darf vom Athleten bestimmt werden. Diesbezüglich macht die DTU keine Vorschriften. Um die Sicherheit der Schwimmer zu gewährleisten, sollten die Athleten im Notfall ihren Arm heben und nach Hilfe rufen. Den Wettkampf darf der Teilnehmer allerdings nicht wieder aufnehmen, nachdem er vom Rettungspersonal oder durch einen Kampfrichter Hilfe in Anspruch genommen hat.

Die Startnummer sollte auf Oberarm oder Handrücken erkennbar sein, denn beim Schwimmen wird das Startnummernschild nicht benutzt. Eine vom Veranstalter zur Verfügung gestellte Badekappe, die mit der Startnummer versehen ist, muss getragen werden. Schwimmbrillen und Gesichtsmasken sind beim Schwimmen erlaubt, verboten sind Hilfsmittel, wie z. B. Flossen, Paddles oder Schnorchel. Sobald die Wassertemperatur unter 14 °C sinkt, darf kein Schwimmen durchgeführt werden. Dies gilt auch dann, wenn zur Startzeit eine Außentemperatur von unter 12 °C vorliegt. Bei 12 bis 14 °C Außentemperatur wird der Wettkampf entsprechend der so genannten Gunderson-Methode durchgeführt. Dabei wird den Athleten nach dem Schwimmen eine Pause von 15 Minuten gewährt.

Die aus dem Schwimmen resultierenden Zeitabstände ergeben dann die Startreihenfolge für die anschließende Raddistanz. Ob der Gebrauch von Neoprenanzügen nun erlaubt oder verboten ist, wird je nach Streckenlänge und Wettkampfdauer, Wassertemperatur und Altersklasse unterschiedlich reglementiert. Entsprechende Infos holt man sich beim Veranstalter ein. Die Ausschreibungen und Startunterlagen enthalten diesbezüglich hilfreiche Tipps. Hier informiert der Veranstalter möglicherweise schon darüber, ob das Tragen eines Neoprenanzugs unterhalb bestimmter Wassertemperaturen oder bei widriger Witterung nicht sogar vorgeschrieben ist. Eine endgültige Entscheidung wird dann aber sehr kurzfristig gefällt, meistens etwa eine Stunde vor dem Start.

RADFAHREN

Radfahren als zweite Disziplin kann den Athleten mitunter die größte Abwechslung bieten und vermittelt den Fahrern nicht zuletzt deshalb großen Spaß. Die Gestaltungsmöglichkeiten des Trainings sind ausgesprochen variabel.
Bei guten Witterungsverhältnissen und unter Einhaltung der Verkehrsregeln lassen sich in nahezu jedem Gelände kraft- und ausdauerfördernde Einheiten organisieren.

Radfahren in der Gruppe bietet den Athleten auch die Gelegenheit, Erfahrungen im Windschattenfahren zu sammeln. Im Windschatten lässt sich bis zu 30 Prozent Kraft sparen. Wer in einer homogen besetzten Gruppe mit wechselnder Führungsarbeit fährt, kann den Windschatten zur regenerativen Fahrt und die Führung zum Kraftaufbau nutzen.

Heiß und schnell – mit Alex Trommer im Trainingslager in den Arabischen Emiraten.

DIE RICHTIGEN BEDINGUNGEN

Oberste Priorität muss dem Fahrkomfort eingeräumt werden. Eine unruhige Trainingseinheit auf dem Rennrad ermöglicht keinen effektiven Leistungsaufbau, weil man sich nicht entsprechend auf die Physis konzentrieren kann.
Ein erfolgreiches Abschneiden im Radrennen setzt außerdem voraus, die aerodynamisch richtige Sitzposition und den runden Tritt zu erlernen und zu beherrschen.

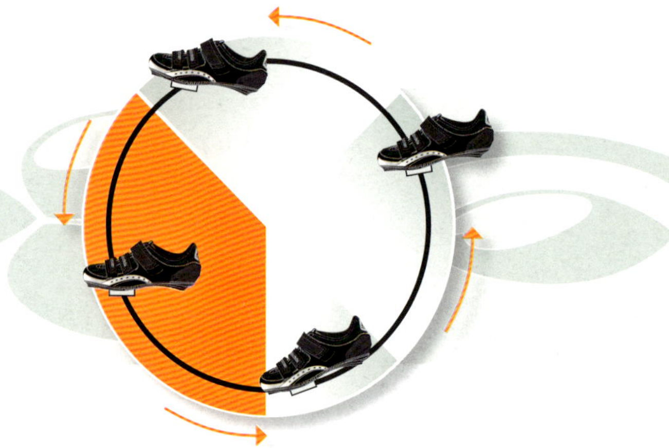

Der runde Tritt beschreibt einen Bewegungsablauf, bei dem neben der herkömmlichen Druckphase des Fußes auf die Pedale in zusätzlichen Gleit-, Zug- und Schubphasen kontinuierlich Kraft ausgeübt wird. Dies hat erst der Einsatz von Klickpedalen ermöglicht. Für den runden Tritt spielt die Trittfrequenz eine mitentscheidende Rolle. Der individuelle Rhythmus ist optimiert, wenn sich die Trittfrequenz in einem Bereich von ca. 80 bis 100 Umdrehungen pro Minute stabilisieren lässt. So bringt man effizienter Kraft auf die Pedale, weil der Körper bei dieser Trittfrequenz länger von der aeroben Energiegewinnung profitieren kann. Dem runden Tritt liegt auch immer eine aerodynamisch angepasste Körperhaltung auf dem Rad zugrunde.

Eine optimale Sitzposition soll gewährleisten, dass der Athlet sein Rad beherrscht und auch in unvorhersehbaren Situationen unmittelbar reagieren kann. Dazu gehören bei der Verwendung von Klickpedalen natürlich ein schnelles und sicheres Auf- und Absteigen vom Rad. Dies sollte man im Training neben effizientem Bremsen und Schalten unbedingt erlernen. Beherrscht man als Triathlet sein Rad richtig, kann man diesen Vorteil auf der Strecke ausspielen, indem Kurven an den Innenseiten geschnitten werden, erst spät vor der Kurve gebremst, und ein Maximum an Geschwindigkeit ausgangs der Kurve wieder mit auf die Gerade genommen wird. Solche Manöver sind jedoch nur dann zulässig, wenn sie nicht zu Lasten der Sicherheit gehen und die Konkurrenz nicht behindern.

TEMPO UND KONZENTRATION

Das sind für die Bewältigung der Radstrecke wichtige Größen. Erfolgversprechend ist es, eine gleichbleibende Trittfrequenz über die gesamte Distanz durchhalten zu können, ohne in anaerobe Bereiche zu gelangen. Zugleich achtet man auf entspannte Schultern und einen ruhigen Oberkörper. So spart man Kraft und kann auf dem letzten Teilstück der Disziplin noch einmal das Tempo forcieren – wenn noch Reserven für eine Leistungssteigerung vorhanden sind. Die Basis für diese Streckenbeherrschung legt man im Ausdauertraining mit langen Distanzen bei etwa 70 Prozent der Maximalbelastung.

FESTE REGELN BEIM RADSPORT

Das Reglement gilt natürlich auch für das Radfahren. Dazu gehört u. a. die korrekte Konfiguration des Renn- oder Triathlonrades. Als Triathlet ist man verpflichtet, ein technisch einwandfreies Rad an den Start zu bringen, das die Gefährdung von Kontrahenten ausschließen lässt. Lenkeranbauteile wie Triathlon-Aerolenkeraufsätze, müssen so positioniert sein, dass sie bei einem Unfall kein Verletzungsrisiko darstellen. Die Bremshebel von Vorder- und Hinterradbremsen dürfen ausschließlich nach hinten und/oder unten ragend wie beim normalen Rennradlenker montiert sein.

Geeignetes Werkzeug und kleine Ersatzteile führt man am besten in einer Tasche, am Oberrohr befestigt oder unter dem Sattel, mit sich.

Ausschließlich Trinkflaschen aus unzerbrechlichem Material dürfen verwendet werden. Splitternde Behälter können bei Verlust auf der Strecke nicht nur Schäden an den Wettkampfrädern anrichten, sondern auch zu Verletzungen anderer Triathleten führen.

Nach dem Check-in an der Wechselzone richtet man seinen Startplatz ein, indem das Rad in die dafür vorgesehenen Halterungen oder Ständer abgestellt wird. Zur eigenen Sicherheit und zum Schutz vor Wettkampfstrafen hält man sich während des Radrennens an die Straßenverkehrsordnung, auch dann, wenn die Strecke von Posten und Polizei abgesperrt und überwacht wird. Denn auch nach der Veranstaltung gemeldete Verstöße gegen die Verkehrsregeln werden

wie Verletzungen des Reglements gewertet und können bis hin zur Disqualifikation führen. Die Härte der Strafe liegt jedoch immer im Ermessen der Kontrolleure und Wettkampfrichter.

Jeder Athlet muss seine Startnummer deutlich sichtbar auf der Rückseite seines Oberkörpers tragen, denn für die Möglichkeit seiner Identifizierung durch die Wettkampfleitung und die Kontrolleure ist jeder Fahrer selbst verantwortlich. Die Startnummer wird ebenfalls auf dem Rad vermerkt und soll für Wettkampfrichter und Streckenposten deutlich sichtbar sein.

Betreuung und Begleitenlassen während des Radrennens ist verboten. Insbesondere das Voraus-, Nebenherfahren oder -laufen wird seitens der Wettkampfrichter geahndet. Dazu zählt auch das Annehmen von Getränken, Verpflegung und Equipment.

Auf der Radpiste, Hawaii 2005.

WINDSCHATTENFAHREN VERBOTEN

Windschattenfahren ist – mit Ausnahmen – im Triathlon generell verboten. Wer hinter oder seitlich neben einem anderen Teilnehmer nicht deutlich genug zu erkennen gibt, dass er entweder ausreichend Abstand einhält oder zum Überholen ansetzt, muss mit Verwarnungen, Zeitstrafen oder gegebenenfalls mit Disqualifikation rechnen. Als Faustregel für den korrekten Abstand zum Vorausfahrenden gilt eine Windschattenbox von längs zehn mal quer drei Metern mittig hinter dem Rad des Vorausfahrenden. Diese darf sich nicht mit der Box anderer Fahrer überschneiden. Beim Überholvorgang muss die Windschattenbox möglichst zügig durchquert werden, und der Überholte hat sich dementsprechend an der Box des schneller Fahrenden zu orientieren, muss diese seitlich oder nach hinten verlassen, um seinerseits nicht selbst vom Windschatten zu profitieren. Eine Reihe von Fahrern muss dem-

nach gestaffelt hintereinander fahren, denn ständiges Nebeneinanderfahren, auch im korrekten Seitenabstand, ist untersagt, weil es nicht den Verkehrsregeln entspricht. Im Bereich vor und hinter der Wechselzone ist das Ausnutzen des Windschattens ohnehin von diesen Regeln ausgenommen, um Verzögerungen und Staus im Bereich der Wechselzone auszuschließen.
Bei einigen Veranstaltungen gilt Windschattenfreigabe. Diese Rennen, meist über olympische Distanzen, unterliegen besonderen Auflagen. Nur nach Streckenabnahme durch den Kampfrichter wird der Wettbewerb über eine für den Verkehr komplett gesperrte Radstrecke ausgetragen. Auf den Wettkampfrädern dürfen in diesem Fall keine Aerolenker oder Rennlenker mit Triathlon-Aerolenkeraufsätzen angebracht werden.
Zusätzliche aerodynamische Modifikationen des Rennrades wie montierte Windabweiser und Verkleidungen sind generell verboten. Das Vorderrad muss gespeicht sein, das Hinterrad kann bei Rennen ohne Windschattenfreigabe verkleidet sein bzw. aus einer so genannten Scheibe bestehen. Über Speichenmaterial und -anzahl kann man bei gespeichten Rädern selbst entscheiden.
Bei Veranstaltungen mit aufgehobener Windschattenregel ist es nicht nur legitim, sondern auch taktisch klug, das Hinterrad eines Stärkeren zu suchen, den Mitnahmeeffekt zu nutzen und Kraft zu sparen.

HELMPFLICHT

Ein Helm ist Pflicht, und das nicht nur während der Wettkämpfe. Er muss auf seine Sicherheit geprüft sein und ein entsprechendes Siegel tragen. Helme dürfen keinerlei Beschädigungen aufweisen oder bereits einen Sturz hinter sich haben. Nach einem Crash können Helme augenscheinlich völlig intakt sein, weil sie keine schwerwiegenderen Schäden aufweisen. Trotzdem können sie in diesem Fall keinen 100-prozentigen Schutz

mehr gewährleisten und gehören entsorgt. Beim Check-in an der Wechselzone wird der Helm von offizieller Seite auf Beschädigungen untersucht und nur nach eingehender Prüfung zum Rennen zugelassen.
Im Wettkampf legt man dann mit dem Rad keinen Meter ohne Helm zurück, denn das verstößt gegen das Reglement.

Den Blick nach vorne gerichtet fresse ich Meilen, Hawaii 2005.

LAUFEN

Das Laufen scheint vielen Triathleten, insbesondere den Anfängern, sowohl im Training als auch im Wettkampf am ehesten entgegenzukommen. Bis auf die Anschaffung von geeigneten Laufschuhen, stellt die dritte Disziplin außerdem weitaus geringere Ansprüche an die Ausstattung als Schwimmen und Radfahren.

Zudem lassen sich Trainingseinheiten nahezu immer und überall im persönlichen Terminplan unterbringen, sodass die Laufleistung der Vorbereitungsphase im Vergleich zur Leistung in den anderen Disziplinen bei einem Großteil der Triathleten überproportional hoch sein kann.

Im Prinzip kommt es beim Laufen lediglich auf den richtigen Schuh und passende Socken an – die übrige Laufausrüstung wählt man entsprechend den Witterungsverhältnissen aus.

Man muss also ein Auge darauf haben, immer in Schuhen zu laufen, deren Zustand akzeptabel ist. Gute Laufschuhe halten, je nach individueller Abnutzung, 1000 bis 1500 Laufkilometer und sollten danach unbedingt erneuert werden, um biomechanischen Problemen vorzubeugen. Sparen lohnt sich bei Sportschuhen nicht.

Beim Vergleich der drei Disziplinen entspricht das Laufen dem natürlichen Bewegungsablauf des Menschen am ehesten. Wer einmal seinen Laufrhythmus mit entsprechender Atemtechnik gefunden hat, kann leicht überall und witterungsunabhängig trainieren.

DER UMSTIEG AUFS LAUFEN

Trotz dieser genannten Vorzüge stellt die Laufdistanz im Triathlon als letztes Element dennoch viele vor eine schwierige Aufgabe. Nach den ersten zwei Streckenabschnitten mit müden Beinen loslaufen zu müssen, ist schon eine körperliche Herausforderung, die nicht leicht zu bewältigen ist.

Bei der Umstellung vom Radfahren zum Laufen werden unterschiedliche Muskelgruppen extrem beansprucht bzw. entlastet, sodass ein flüssiger Start in die dritte Disziplin kaum möglich wird. Die bis dahin stark beanspruchten Oberschenkelmuskeln, der Quadriceps femoris, sind ermüdet und verspannt. Die Kniekehlenmuskulatur muss die Leistung für die geänderte physische Belastung praktisch allein erbringen.

Auf dem ersten Kilometer ist die Umstellungsphase besonders deutlich spürbar, bevor langsam der Laufrhythmus einsetzt. Zu diesem Zeitpunkt ist mentale Stärke und der Wille, den eigenen Körper in die neue Situation zu zwingen, besonders wichtig. Schafft man den Wechsel der Belastung ohne Einbußen von Zeit oder Entfernung zur Konkurrenz, motiviert dies ungemein.

Danach kommt es darauf an, diese Motivation für einen ökonomisch richtigen Lauf zu nutzen und nicht euphorisch die Energie auf den nächsten Kilometern zu verschwenden. Vielmehr muss die Konzentration nun auf ein homogenes Tempo gerichtet sein, das man durchhalten kann.

Wer gegen Ende, auf den letzten Kilometern, noch etwas zuzusetzen hat und in der Lage ist, Konkurrenten hinter sich zu lassen, gewinnt noch zusätzliches Vertrauen in die eigene Leistungsfähigkeit, neben der Gewissheit, ein starkes Finish gezeigt zu haben.

HOMOGENER LAUFSTIL

Sicherlich gibt es für die Laufdisziplin unterschiedliche Ansätze, sich einen homogenen

Laufstil anzueignen. Wer allerdings einmal mit dem Training begonnen hat, wird schnell feststellen können, ob Technik und Atmung funktionieren. Viele benötigen jedoch individuelle Hilfe, um einen effizienten Laufstil zu definieren. Athleten, die sich bereits eine eigene Lauftechnik angeeignet haben, werden sich eher ungern anderen Stilen zuwenden, solange sie gute Ergebnisse

Rutger Beke und Cameron Brown laufen in die Wechselzone, Hawaii 2005.

erzielen. Möchte man jedoch im Rahmen des Trainingsprogramms sein Tempo forcieren und auf Wettkampfgeschwindigkeit bringen, kann man – unabhängig von persönlichen Techniken – entweder die Schrittfrequenz erhöhen oder die Schrittlänge vergrößern. Der Körper wird individuell unterschiedlich auf die veränderte Belastung reagieren. Im Regelfall spart man durch eine Erhöhung der Schrittfrequenz mehr Kraft, als bei einer Vergrößerung der Schrittlänge. Athleten,

die ohnehin einen Laufstil mit hoher Frequenz bevorzugen, können durch Verlängern ihrer Schritte durchaus ihre Laufleistung erhöhen, ohne in den anaeroben Bereich abzudriften.

Um die physischen Voraussetzungen für einen schnellen Lauf mitzubringen, bedarf es neben gut trainierten Beinen auch eines gezielten Aufbaus der Bauch- und Rückenmuskeln. Diese

Laufstudie Hawaii 2005.
Hier standen alle Zeichen auf Sieg.

sind verantwortlich für einen ruhigen Lauf, halten den Oberkörper aufrecht und unterstützen zudem die Atmung.

LANGSAM STEIGERN

Für das Lauftraining gilt das Gleiche wie für die beiden anderen Disziplinen. Lange Distanzen fördern die Grundausdauer und sind Basis für Kraft und Schnelligkeit im Wettkampf. Wichtig ist auch hier, die Kilometerleistung in wöchentlichen Abschnitten um nicht mehr als zehn Prozent zu steigern.

Lange Läufe können in regelmäßigen Abständen von etwa drei bis fünf Wochen in das Trainingsprogramm einfließen. Solche Extremeinheiten über zwei bis drei Stunden geben Selbstvertrauen, die Wettkampfdistanz zu meistern. Dem Wettkampftempo nähert man sich in diesen Einheiten kontinuierlich, um am Wettkampftag das erforderliche Pensum abrufen zu können. Nach langen Läufen ist eine regenerative Pause empfehlenswert, in der ein nur leichtes Erholungsprogramm, z. B. durch Streching, praktiziert wird.

Das Training von langen Laufeinheiten absolviert man idealerweise nicht allein. Eine Begleitung durch Trainingspartner oder Freunde hilft gegen die Monotonie und verschafft die notwendige Lockerheit. Dabei kommt es nicht einmal darauf an, ob diese ebenfalls laufen oder sich z. B. per Rad mit auf die Strecke begeben. Im laufenden Wettkampf ist das allerdings anders. Hier ist es untersagt, sich während des Laufens begleiten zu lassen. Beim Wechsel zum Laufen muss die Startnummer vorne deutlich erkennbar getragen werden, um Streckenposten und Wettkampfrichtern die Identifikation zu erleichtern.

Typisch für mich ist beim Laufen die relativ große Schrittlänge, auch hier auf Hawaii 2005.

wiggle

Einmaliges Flair – die Bucht von Kona, morgens am Tag vor dem Rennen am Pier.

Full Speed! Die Fahrt zum Sieg auf Hawaii 2005.

ERDINGER
ALKOHOLFREI
3

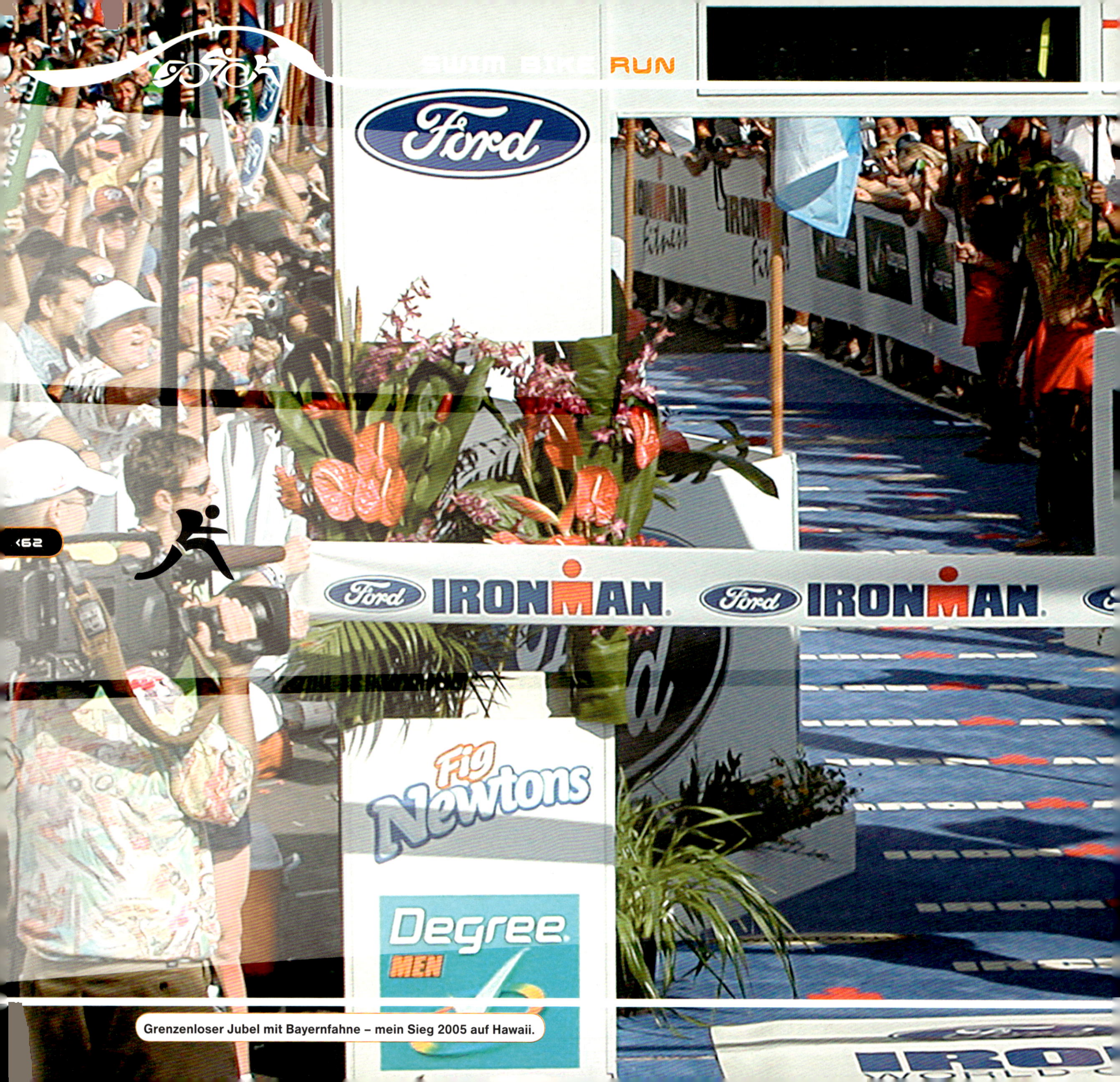

Grenzenloser Jubel mit Bayernfahne – mein Sieg 2005 auf Hawaii.

IMEX
8:14.16
Ford
IRONMAN
Ford
IRONMAN

4 Hawaii 2006, mit neuer Sitzposition und mit der Nummer 1 am Start.

DAS TRIATHLON-EQUIPMENT

»90 PROZENT DER TRIATHLETEN SEHEN SO AUS, ALS KÖNNTEN SIE EIN RENNEN GEWINNEN. ABER DIE 10 PROZENT, DIE NICHT SO AUSSEHEN, GEWINNEN DAS DING.«

UNBEKANNTER TRIATHLET

AUSRÜSTUNG

Prinzipiell kommt es bei der Zusammenstellung der Ausrüstung darauf an, mit welchen Ambitionen man an den Start geht. Für das Finish eines Triathlon-Debütanten beim Volkstriathlon sieht eine hochwertige Ausrüstung zwar immer gut aus, wird sich aber grundsätzlich weder entscheidend auf die erbrachte Leistung und die damit erreichte Zeit auswirken, noch in finanzieller Hinsicht attraktiv sein.

Vernünftig ist es, eine den Anforderungen entsprechende Ausrüstung anzuschaffen. Für den Einstieg reichen Badehose, Sportrad und passende Laufschuhe.

Wer nach dem ersten Triathlon dabei bleibt und den Sport zum Hobby oder sogar mehr macht, wird schnell einsehen, dass sich mit gutem Material bessere Ergebnisse erzielen lassen und der Spaß an der Sache erhalten bleibt.

In voller Montur: Schwimmtraining mit Schwimmhandschuhen und Kälteschutzanzug (kein Vollneoprenanzug).

DIE KOSTEN-NUTZEN-RELATION BEACHTEN

Die Schlacht um das beste Material sollte aufhören, wenn sich die Frage nach der Zweckmäßigkeit stellt. Es gibt kaum einen Sport, für den Zubehör und Hilfsmittel so umfangreich erhältlich sind wie für Triathlon. Wer die Anforderungen, die er an den Sport stellt, genau kennt, wird jedoch wissen, welche Ausrüstung erforderlich und erfolgversprechend ist.

Dabei wird man für eine vollständige Trainings- und Wettkampfausrüstung mit Neoprenanzug, Schwimmbrille, Rennrad, Helm und Laufschuhen schnell bis zu 3 000 Euro investieren müssen. Die Investition in eine verbesserte Ausstattung macht sich spätestens dann bezahlt, wenn sie mitentscheidend beim Erreichen persönlicher Ziele ist.

PULSUHR

Vor allem zur Kontrolle des Trainings gehört die Pulsuhr zu den wichtigsten Ausrüstungsgegenständen im Triathlon. Neben den normalen Funktionen wie Zeit und Stoppuhr zeigt sie die maximale Herzfrequenz (MHF) und die aktuelle Herzfrequenz an, gibt Aufschluss über den Verbrauch von Kalorien und den Anteil der Fettverbrennung.

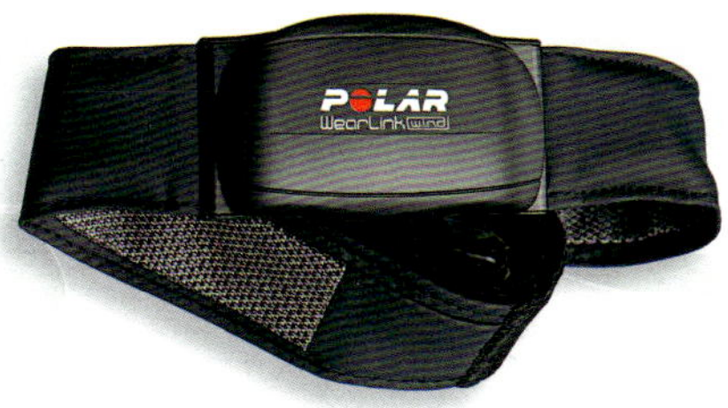

Pulsuhren werden für Ausdauerathleten entwickelt, die ihr Leistungspotenzial kontrollieren und dokumentieren wollen.
Speicherfunktionen ermöglichen die Aufzeichnung von Trainingsdateien. Zur weiteren Ausstattung gehört der Sender, der als Brustgurt die Pulsfrequenz misst.

Moderner Herzfrequenzmesser mit zahlreichen Features.

Anhand der Herzfrequenz und Laufgeschwindigkeit können die aerobe Fitness und die persönliche Laufeffizienz ermittelt werden. Messungen der Schrittfrequenz und -länge während des Laufens unterstützen dabei, die Boden-Kontaktzeit zu verkürzen, die Balance zwischen Krafteinsatz und Geschwindigkeit der Beine zu finden und somit die Laufökonomie zu optimieren.
Mit einem zusätzlichen Laufsensor, der in die Zwischensohle des Laufschuhs eingelegt oder auf dem Laufschuh befestigt wird, werden darüber hinaus Laufgeschwindigkeit, Pace und Kilometerleistung messbar.
Zudem bieten Pulsuhren die klassischen Funktionen: Bestimmung des persönlichen, tagesformabhängigen Trainingsbereichs, Kalorienmessung, Fitness- und Übertrainingstest.
Bei sehr hochwertigen und teuren Modellen ist die Übertragung der Trainingsdaten per Infrarot auf den PC und ins Internet möglich.

SCHWIMMEN

Trainingsgeräte spielen im klassischen Schwimmtraining seit jeher eine große Rolle, sie ermöglichen gezieltes Arm- oder Beintraining, helfen bei der Kraftausdauerentwicklung und sorgen nicht zuletzt für ein abwechslungsreicheres Training. Sie wurden genauso wie auch Neoprenanzüge und Schwimmbrillen in den letzten zehn Jahren kosequent zu ergonomischeren Formen entwickelt. So wurden z.B. aus den ersten Neoprenanzügen mit reiner Kälteschutzfunktion, die aus dem Surfsport kamen, moderne, speziell für verschiedene Typen von Triathleten entwickelte Schwimmneoprenanzüge mit hohem Tragekomfort.

Der »normale« Triathlet übertreibt es allerdings gern mit dem Materialfetischismus. Oft sieht man Triathleten beim Training keinen Meter ohne Gerät schwimmen. Besonderer Beliebtheit erfreut sich der Pullbuoy, weil er die oft mangelhafte Wasserlage des Triathleten verbessert, was dann zu einer falschen Einschätzung des Stands der eigenen Technik führt. So mancher Athlet hat sich auch mit zu häufigem Einsatz zu großer Paddles die Schulter ruiniert. Also Vorsicht, wenn man mit Paddles traininert.

Wichtig bei niedrigen Wassertemperaturen: der Neoprenanzug.
Hier im Bild: Ina Reinders beim Schwimmausstieg des Xantener Nibelungen-Triathlon 2005.

NEOPRENANZUG

Kurz, ärmellos oder vollgeschnittenes Modell – es gibt den Neoprenanzug in verschiedenen Ausführungen. Gute Anzüge sind nahezu nahtlos, dürfen nach olympischen Regeln maximal 3 Millimeter, nach den Vorgaben der Sportordnung der Deutschen Triathlon Union (DTU) 5 Millimeter Materialstärke nicht überschreiten. Sie verleihen dem Schwimmer, neben Isolation vor Kälte, Auftrieb und Geschwindigkeit. Ein wettkampftauglicher Neoprenanzug besteht aus nicht mehr als drei Einzelsegmenten, dem Kopf, Oberkörper- und Unterkörperteil. Vergleichsweise teuer ist ein solcher Anzug im Vergleich zu Tauch- oder Surfanzügen, die häufig stattdessen von Amateuren im Wettkampf getragen werden. Es gibt sehr flexible Modelle mit relativ wenig Auftrieb für Triathleten, die schon eine gute Wasserlage haben. Andere Modelle sorgen für sehr viel Auftrieb. Der Neoprenanzug muss sehr eng anliegen, sollte aber nicht die Atmung behindern.

TRIATHLONANZUG

Ein Triathlonanzug besteht aus extrem schnell trocknenden Materialien. Mit seinen festen Nähten hält er den hohen Anforderungen aller drei Disziplinen stand. Viele Modelle haben integrierte Polsterungen im Schritt, die denen von Radlerhosen ähneln.

Der Anzug muss eng anliegen, um eine möglichst gute Stromlinienform für den Einsatz im Wasser zu gewährleisten. Heutzutage gibt es atmungsaktive Materialien, die für heißes Wetter und Langdistanzen gut geeignet sind, sowie nicht atmungsaktive, die aus dem Schwimmsport kommen, Abperleffekte haben und bei Langdistanzen meist nur zum Schwimmen getragen werden.

SCHWIMMBRILLE

Der Anspruch an die Qualität einer Schwimmbrille sollte sehr hoch sein. Schließlich ist die leichte Orientierung überaus wichtig, und eindringendes Wasser stört immens. Schwimmbrillen dürfen nicht anlaufen und müssen bequem zu tragen sein. Setzt man die Brille ohne die Nutzung des Gummibandes auf, sollte sie durch Unterdruck für ein paar Sekunden vor den Augen haften. Ist das der Fall, passt die Schwimmbrille. Schwimmmasken gewährleisten ein beinahe uneingeschränktes Sichtfeld – nützlich v. a. in offenen Gewässern.

BADEKAPPE

Badekappen gibt es aus unterschiedlichen Materialien. Kappen aus Silikon sind teurer, wärmer, haltbarer und werden aufgrund ihres geringen Wasserwiderstandes von Schwimmern im Wettkampf eingesetzt. Latex-Badekappen halten den Kopf weniger warm und reißen schneller. Dafür sind sie sehr billig. Sie werden bei Triathlonwettkämpfen oft vom Veranstalter gestellt und sind meist verpflichtend zu tragen. Nylonbadekappen sind äußerst altmodisch und werden von Wettkampfsportlern nur noch selten im Training getragen.

PADDLES

Mit dem Einsatz von Paddles wird der Wasserwiderstand erhöht und so die Durchzugskraft der Armmuskulatur trainiert. Außerdem dienen sie zur Korrektur der Schwimmtechnik. Paddles und Schwimmhandschuhe sind in verschiedenen Größen und Ausführungen erhältlich. So kann man dem Wasserwiderstand individuell anpassen und gezielt trainieren.

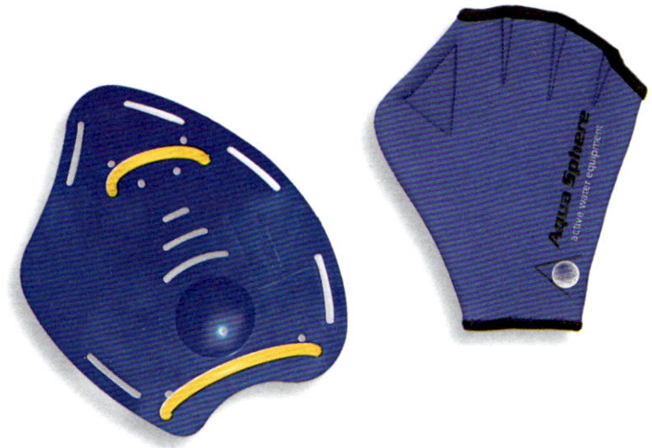

PULLBUOY

Zwischen die Oberschenkel geklemmt dient er als Auftriebhilfe. Mit dem Einsatz des Pullbuoy werden die Bewegungen von Oberkörper und Beinen ruhiger. Die Konzentration kann man dann gezielt auf die Armzugstechnik richten.

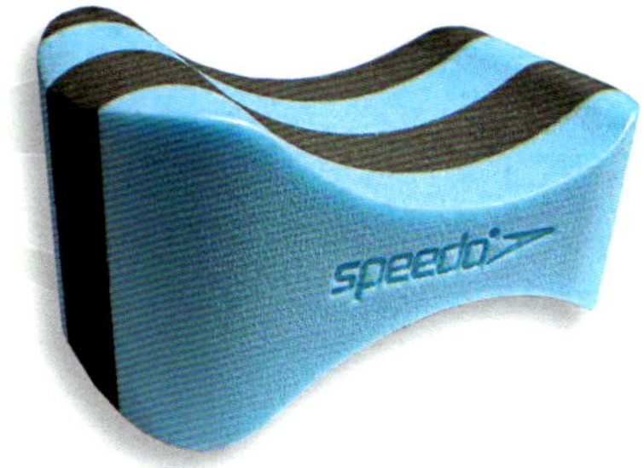

FLOSSEN

Schwimmflossen sind zweckmäßig für das Training des Beinschlags. Es gibt Modelle in langer und kurzer Ausführung, die, vergleichbar mit dem Trainingseffekt von Paddles bei der Armzugtechnik, ein individuelles Training des Beinschlags zulassen. Flossenschwimmen hat einen starken Dehneffekt auf das Fußgelenk, das bei Radfahrern und Triathleten oft ziemlich steif ist. Daher sollte man, wenn man mit dem Flossenschwimmen beginnt – wie bei sämtlichen Belastungen – nicht zu intensiv starten und langsam aufbauen.

FARIS' SCHWIMMTIPPS UND AUSRÜSTUNG

Im Gegensatz zu vielen Triathleten, die am liebsten immer mit Neo, Paddles und Pullbuoy schwimmen würden, weil sich dadurch die Wasserlage signifikant verbessert, trainiere ich nie mit Pullbuoy und äußerst selten mit Neo. Ich habe aufgrund meiner Beinform Probleme, den Pullbuoy festzuhalten, und halte nicht viel davon, die Wasserlage künstlich zu verbessern. Nie bzw. selten mit einem Neoprenanzug zu trainieren, ist nicht sinnvoll, weil bei den meisten Wettkämpfen, abgesehen von denen in der Bundesliga, Neoprenanzüge wegen der niedrigen Wassertemperatur erlaubt sind und man sich an das Schwimmen mit der Gummihaut gewöhnen muss. Ich persönlich stecke einfach ungern drin, obwohl ich natürlich tolle Anzüge habe.

Ich schwimme auch praktisch nie mit Flossen, trotz der guten Möglichkeiten, das Herz-Kreislauf-System ans Limit zu bringen. Die Belastung für die Beine ist ziemlich hoch, und meistens verrichtet man als Triathlet ja schon genug Beinarbeit.

Als Einsteiger sollte man sich verschiedene Neoprenanzüge anschauen, ausleihen und Probeschwimmen. Bei den namhaften Herstellern sind die Unterschiede im Schnitt, in der Passform und im Auftrieb größer als in technischen Details, die so manches Mal überbetont werden. Um das Ausziehen im Wettkampf zu erleichtern, schneiden viele Profis an den Beinen etwa 10 bis 15 Zentimeter Material ab.

FARIS' LIEBLINGSAUSRÜSTUNG

OAKLEY SONNENBRILLE	OHNE GEH' ICH KAUM AUS DEM HAUS
TYR PADDLES GRÖSSE 5	NO PAIN NO GAIN
CANNONDALE MTB TANDEM	SPASS OHNE ENDE, WENN ES HINTEN KREISCHT
UVEX ZEITFAHRHELM	THE SPEED IS ON
KAIMAN JUNIOR SCHWIMMBRILLE	VERSCHAFFT DURCHBLICK
ARABISCHE SANDALEN MODEL »TEMPELFLITZER«	MADE IN ITALY
AQUA SPHERE OHRENBADEKAPPE	SIEHT DÄMLICH AUS, WÄRMT ABER
ASICS SEAMLESS UNTERWÄSCHE	DAS BESTE IST GERADE GUT GENUG
ALIEN TOOL	MULTIFUNKTIONSWERKZEUG
AUDI Q 7	WAS SOLL MAN DAZU SCHON SAGEN?

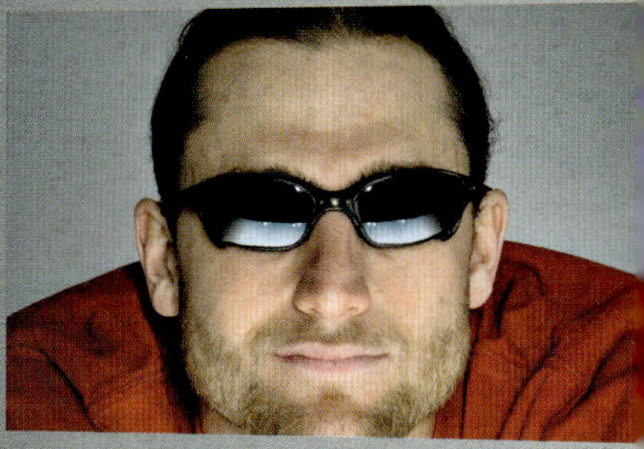

»Man gönnt sich ja sonst nichts...«

RADFAHREN

Beim Triathlon nimmt die zweite Disziplin mit Abstand die meiste Zeit in Anspruch. Deshalb ist Fahrkomfort das A und O. Nur wer sich auf dem Rad wohl fühlt, kann seine maximale Leistungsfähigkeit abrufen.

Ein voll ausgestattetes Rennrad ist schon für etwa 1 000 Euro erhältlich. Rüstet man sich differenzierter mit den einzelnen Komponenten nach Wahl aus, gestaltet das Rad leichter, steifer und aerodynamischer, lassen sich Kosten und Nutzen häufig nicht mehr miteinander vereinbaren. Das Rad muss daher den Anforderungen und Ambitionen seines Fahrers entsprechen. Damit die Kosten nicht explodieren, sollte man genau wissen, was man will und – vor allem – was man wirklich braucht.

Das Beste ist gerade gut genug: mein Cannondale SliceSix13-Rahmen, eine perfekte Kombination aus Aluminium und Carbon.

RAHMEN

Es gibt vier mehr oder weniger gängige Materialien, aus denen der Rahmen gefertigt ist.

STAHL

Stahlrahmen fahren heutzutage nur noch Liebhaber, und sie werden nur noch von wenigen spezialisierten Herstellern gebaut. Sie sind zuverlässig, haben eine hohe Lebensdauer und halten auch starken Belastungen stand. Die wenigsten Stahlrahmen sind aerodynamisch geformt, und das hohe Gewicht des Werkstoffs verlangt nach absoluter Könnerschaft in der Herstellung, um ein konkurrenzfähiges Produkt zu fertigen.

ALUMINIUM

Das Hauptmaterial im Rahmenbau ist immer noch Aluminium. Es ist deutlich leichter als Stahl und relativ preiswert. Die steifsten Rahmen werden aus Aluminium gefertigt, allerdings leidet darunter bei manchen Modellen der Fahrkomfort.

CARBON

Heute kommen immer mehr Carbonrahmen zum Einsatz. Sie sind mitunter noch relativ teuer, bringen aber mit niedrigem Gewicht, Steifigkeit, stoßdämpfender Wirkung und Aerodynamik hervorragende Eigenschaften mit.

TITAN

Darüber hinaus gibt es auch Rahmen aus Titan. Dieses leichte und langlebige Material wird genauso wie Stahl nur von wenigen Herstellern verbaut und erreicht nicht dieselbe Steifigkeit wie Aluminium.

Die Wahl des richtigen Rahmens hängt aber nicht nur vom verfügbaren Budget und vom Gelände ab, in dem Training und Wettkämpfe stattfinden, sondern auch von der richtigen Einschätzung des eigenen Potenzials. Als Teilnehmer an einem Volkstriathlon wird es nicht zwingend notwendig sein, mit einem unverhältnismäßig teuren Titanrad die eigene Bestmarke eines 30-Stundenkilometer-Schnitts durchbrechen zu wollen.

Ein spezieller Triathlonrahmen unterscheidet sich vom klassischen Diamant-Rahmen eines Rennrades in erster Linie durch den erhöhten Sitzrohrwinkel von bis zu 78,5 Grad. Bei einem 72-Grad-Winkel von Rennrädern wird die komplette Beinmuskulatur homogen beansprucht. Der größere Winkel eines Triathlonrahmens ermöglicht dem Athleten eine aerodynamischere Sitzposition und parallel eine geringere Belastung der Quadriceps-Muskulatur, die beim abschließenden Laufen eine wichtige Rolle spielt.

DIE OPTIMALE ANPASSUNG

Um die Einstellungen des Rades für den Fahrer optimiert anzupassen, berechnet man vorab die Einstellungsgrößen für das Rennrad anhand der Schrittlänge des Fahrers. Dies ist der Abstand vom Boden zum Schritt bei leicht gespreiztem Stand. Der gemessene Wert der Schrittlänge mit 0,665 multipliziert, ergibt die erforderliche Rahmengröße. Ein Triathlonrahmen ist im Regelfall etwa 3,5 bis 5 Zentimeter niedriger als ein Rennradrahmen.

Zur Ermittlung der optimalen Höhe des Sattels, stellt man die Ferse barfuß bei unterer Pedalstellung und aufrechter Sitzhaltung auf das Pedal. Die Sattelhöhe ist richtig eingestellt, wenn das Bein nun gestreckt ist. Zudem sollte der lotrechte Abstand zwischen der Sattelspitze und der Tretlagermitte nicht weniger als zwei, und nicht mehr als sechs Zentimeter betragen. Ein kleinerer Abstand eignet sich für Sprintstrecken, ein größerer eher für kupiertes Terrain. Die Sitzposition ist allerdings vom Fahrkomfort abhängig. Wer mit einer anderen Justierung seines Rades besser zurechtkommt, sollte die Einstellungen möglichst beibehalten.

Die Länge des Vorbaus lässt sich bestimmen, indem der Ellenbogen an die Sattelspitze gelegt wird. Die ausgestreckte Hand weist in Richtung Lenker. Der Abstand der Fingerspitzen zum Lenker sollte nun ebenfalls zwischen zwei und sechs Zentimetern liegen.

Die Höhendifferenz von Vorbauoberkante zur Satteloberkante kann, je nach sportlicher Ausrichtung des Rades, zwischen 3 und 20 Zentimetern betragen. Als Faustregel gilt, dass bei schnelleren Strecken und sportiverer Fahrweise die Differenz größer gewählt werden sollte.

Dem Fahrer dienen diese Werte lediglich zur Orientierung. Nach wie vor entscheiden letztendlich individuelle Vorlieben über die Konfiguration des Rades, die von den Richtwerten abweichen kann.

DIE GRÖSSE DES RENN- ODER TRIATHLONRADES

Rahmengrößen werden üblicherweise in Zentimetern (cm) und in Zoll (") angegeben. 1 Zoll entspricht dabei 2,54 Zentimeter. Detaillierte Infos zu Größenangaben in S, M, L oder XL findet man in den technischen Beschreibungen. Eine Probefahrt ist bei der Anschaffung eines neuen Rades ohnehin obligatorisch, denn unterschiedliche Rahmengeometrien bringen auch bei gleicher Rahmengröße verschiedene Sitzpostionen mit sich. Der Fahrkomfort ist wiederum entscheidendes Kriterium. Liegt der durch die Schrittlänge berechnete Wert wischen zwei Größen, gilt die Faustregel, bei wettkampforientierter Fahrweise eher die kleine Größe, bei sportlicher Fahrweise eher den nächstgrößeren Rahmen zu wählen. Anhand der Tabelle kann man sich orientieren, sie bietet allerdings nur Richtwerte.

KÖRPERGRÖSSE [CM]	RAHMENGRÖSSE [CM]	
	RENNRAD	TRIATHLONRAD
155 – 165	48 – 51	46 – 48
165 – 170	51 – 53	48 – 50
170 – 175	53 – 55	50 – 52
175 – 180	55 – 57	52 – 55
180 – 185	57 – 60	55 – 56
185 – 190	60 – 62	57 – 60
190 – 195	62 – 64	60 – 62
195 – 200	64 – MA	62 – MA

MA ENTSPRICHT MASSANFERTIGUNG

LENKER

Lenker gibt es in mehreren Varianten. Der klassische Rennlenker sollte etwa Schulterbreite haben, üblicherweise 38 bis 44 Zentimeter. Er eignet sich besonders für Trainingsfahrten in der Gruppe, weil er ohne die nach vorne ragenden »Hörner« ein geringes Sicherheitsrisiko darstellt. Viele Triathleten montieren auf einen Rennlenker einfach einen Aeroaufsatz, um in Aeroposition zu fahren.

Daneben gibt es so genannte Aero- oder Zeitfahrlenker, entweder mit integrierten Bremsen und Lenkerendschalthebeln, bei denen man die Aeroposition zum Schalten nicht verlassen muss, oder mit normalen Bremsschaltgriffen. Es gibt Modelle mit vielen Verstellmöglichkeiten, andere sind in verschiedenen Größen zu kaufen.

Lenkerendschalthebel werden an den »Hörnern« montiert. Sie sind in Kombination mit kurzen, aerodynamischen integrierten Bremsstummeln die schnellste Variante, allerdings für Bergfahrten relativ ungeeignet.

Die Aeroposition ist die erste und einfachste Methode, den Windschatten drastisch zu reduzieren. Generell müssen Athleten bis zu 25 Prozent weniger Leistung aufbringen, je tiefer und gestreckter die Körperhaltung ist. Die Haltung darf dabei die maximale Kraftentfaltung des Athleten auf dem Rad natürlich nicht beeinträchtigen.

Oben: Prototyp des Xentis-Aerolenkers, den ich auf Hawaii gefahren bin.
Unten: Lenkerendschalthebel von Campagnolo.

SCHALTUNG UND BREMSEN

Schaltung und Bremsen als Komponenten *einer* Gruppe zu montieren, ist vorteilhaft. So hat man eigentlich keine Probleme mit der Abstimmung aufeinander. Die Marktführer bieten hier umfangreiche Gruppen in mehreren Preisklassen an. Welche man wählt, ist persönliche Präferenz. Die Gruppe sollte jedoch den Ansprüchen des Athleten gerecht werden.

KLICKPEDALE UND RADSCHUHE

Mit Klickpedalen lässt sich deutlich mehr Kraft erzeugen als ohne. Die Auswahl des Systems ist dabei nicht entscheidend. Das Handling, d. h. leichtes und schnelles Einrasten und Herausklicken, ist ausschlaggebend für das Material. Wichtig ist es, nur Schuhe mit harter Sohle zu verwenden, da diese die Energieübertragung auf die Kurbel positiv beeinflussen. Triathlonradschuhe haben nur einen bzw. höchstens zwei Klettstreifen, um einen zeitsparenden Wechsel zu ermöglichen. Auf der Langdistanz und im Einsteigerbereich spielt das eine eher untergeordnete Rolle. Geübte Triathleten sparen im Wettkampf während des ersten Wechsels Zeit ein, indem sie mit den bereits auf den Pedalen befestigten Radschuhen losfahren. Auf den ersten Metern stehen sie noch auf den Schuhen und schlüpfen dann erst hinein.

Oben und Mitte: Campagnolo Record-Komponenten.
Unten: Diadora-Radschuh und Campagnolo Klickpedal.

SATTEL

Es gibt verschiedene Möglichkeiten, auf dem Sattel zu sitzen, denen auch der Sattel angepasst werden sollte. Klassischerweise sitzt man mit den Sitzknochen auf dem breiten Ende des Sattels, und nach einer gewissen – nicht immer schmerzfreien Gewöhnung – sollte man keine Probleme mehr haben.

Auf der Langdistanz und beim Zeitfahren rutschen viele Athleten nach vorn auf die Sattel-

nase und sitzen dann nicht mehr auf den harten Knochen, sondern auf dem weichen Schrittbereich. Durch diese Sitzposition bringen sie noch mehr Kraft auf die Pedale.

Bei den hohen Geschwindigkeiten, die im Wettkampf gefahren werden, spielt der Sattelkomfort aufgrund des hohen Drucks, der ständig auf den Pedalen lastet, und des dementsprechend geringeren Drucks auf dem Sattel, eine eher untergeordnete Rolle.

Es gibt die verschiedensten Modelle mit Löchern oder Schlitzen im Sitzbereich, mit Gel-Einsätzen oder ohne Polsterung aus reinem Carbon.

LAUFRÄDER UND REIFEN

Laufräder sind die meistbeachteten Bestandteile eines Rades und haben neben der aerodynamischen Haltung eine entscheidende Möglichkeit, den Luftwiderstand zu reduzieren. Im Training sollte man der Haltbarkeit und der Stabilität des Laufrades den Vorzug geben. Im Wettkampf stehen je nach Streckenprofil Gewicht und Aerodynamik im Vordergrund. Aufgrund der technischen Verbesserungen der letzten Jahre, wurde allerdings die generelle Annahme widerlegt, dass weniger Speichen zu weniger Luftwiderstand führen. Ebenso wenig spielen die Form der Felge und der Speichen eine tragende Rolle bei der Aerodynamik.

Bei den Reifen gibt es zwei unterschiedliche Varianten: Schlauchreifen und Drahtreifen. Schlauchreifen haben einen integrierten Schlauch, wohingegen bei Drahtreifen der Schlauch separat zwischen Reifen und Felge eingelegt wird.

Während im Profibereich – vor allem bei den Rennen – auch heute noch Schlauchreifen bevorzugt werden, benutzt man im Training meist Drahtreifen, da sie leichter zu handhaben sind. Auch für den Hobbyathleten empfiehlt sich aus diesem Grund der Gebrauch von Drahtreifen. Hinsichtlich der Rollwiderstände sind einige Drahtreifen trotz ihres geringeren Reifendrucks von sieben bis neun bar auf dem Niveau von Schlauchreifen mit einem Druck von 10 bis 12 bar. Insbesondere in den letzten zwei Jahren kam es in diesem Bereich zu technischen Verbesserungen.

Die Modellauswahl ist ausgesprochen groß, wobei es bei der Auswahl der Wettkampfreifen meist gilt, zwischen niedrigerem Rollwiderstand und erhöhter Pannenanfälligkeit oder höherem

Xentis, Mark 1 TT Schlauchreifensatz.

Widerstand und mehr Sicherheit abzuwägen. Und letztendlich ist auch hier – wie bei den meisten Ausrüstungsgegenständen – alles eine Frage des Geldes und der eigenen Bedürfnisse. Der richtige Reifendruck ist nur über ein Manometer einzustellen, denn der Test per Daumendruck funktioniert nie genau. Prinzipiell hängt der Luftdruck von der Gewichtsbelastung, also von Fahrer, Rad und Gepäck, sowie vom maximal empfohlenen Reifendruck ab, der auf der Flanke des Reifens angegeben ist. Außerdem spielen Faktoren wie Federung und Fahreigenschaften die persönlichen Vorlieben des Fahrers eine Rolle. In der Regel gilt: Je »härter« der Reifen, desto niedriger der Rollwiderstand – je »weicher« der Reifen, desto höher der Komfort. Grundsätzlich sollten jedoch die auf den Reifen angegebenen Grenzwerte beachtet werden.

Orientierungshilfe für Radrennfahrer mit einem Körpergewicht von 70 bis 80 Kilogramm können folgende Richtwerte sein:

REIFENDURCHMESSER	LUFTDRUCK
20 MM	7,5 – 9,0 BAR
23 MM	7,0 – 8,5 BAR
25 MM	6,5 – 8,0 BAR

HELM

Der Helm gehört zur Pflichtausstattung jedes Rennradfahrers und Triathleten. Sicherheit hat Vorrang, vor allem im Training. Deshalb sollte bei der Anschaffung des Helms unbedingt auf Qualität geachtet werden. Er muss die obligatorischen Prüfnormen erfüllen und die optimale Passform haben, um nicht im Fall eines Sturzes zu verrutschen. Im Wettkampf stellt sich die Frage, welcher die gesamte Körperhaltung auf dem Rad einigermaßen aerodynamisch sein. Ein entscheidendes Manko dieser Helme: die Wärmeentwicklung ist mangels größerer Belüftungsschlitze ziemlich hoch. Auf Kurzstrecken sind auch konventionelle Radhelme bestens geeignet, denn hier verschafft der Fahrtwind, gerade bei großer Hitze, durch Belüftungsschlitze entsprechende Kühlung.

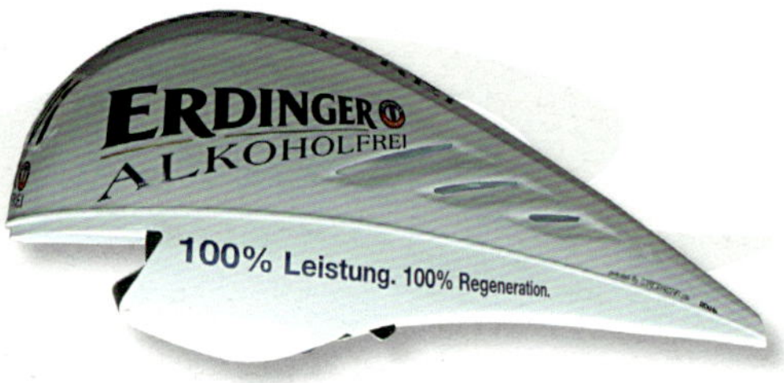

Helmtyp den größeren Vorteil bietet. Windschnittige Zeitfahrhelme, mit wenigen oder keinen Luftschlitzen, wie sie seit einigen Jahren auch im Triathlonsport Verwendung finden, sind zwar extra für den Rennsport konzipiert, der aerodynamische Vorteil macht sich allerdings erst auf längeren Wettkampfstrecken bemerkbar. Sie nutzen nur ab einer Geschwindigkeit von mehr als 37 Stundenkilometern und selbst dann muss

RADBRILLE

Zum Schutz der Augen vor Wind, Regen, Insekten und Staub muss man eine Radbrille tragen. Sie darf weder verrutschen, muss deshalb eng anliegen, noch bei einem Unfall splittern. Aus diesem Grund sollten die Kunststoffgläser erste Wahl sein. Je nach Witterung entscheidet man sich für klare oder getönte Gläser.

Uvex FP2 Zeitfahrhelm, Oakley Racing Jacket Radbrille.

FARIS' TIPPS ZUM RADKAUF

Es empfiehlt sich, einen erfahrenen Fachhändler aufzusuchen. Dieser hilft, die optimale Sitzposition zu finden. Selbst wenn man ein günstiges Fahrrad erwirbt, sollte man für die Anpassung weder Zeit noch Geld sparen. Für den Freizeitsportler sollte der Fahrkomfort, neben der Qualität natürlich, das wichtigste Auswahlkriterium sein. Je ambitionierter der Athlet ist, desto wichtiger sind Steifigkeit und Gewicht des Rades.

Für den Hobbyathleten oder Einsteiger empfiehlt es sich, ein klassisches Rennrad mit klassischem Lenker zu kaufen, weil der Einsatzbereich größer ist. Ob man darauf für einen Triathlon oder Zeitfahreinsatz einen Aufsatz montiert und in dieser dann meist relativ gestreckten Haltung gut fahren kann, ist individuell unterschiedlich.

Ich persönlich habe zuerst auch ein klassisches Rennrad gekauft. Als aber klar war, dass Triathlon mein Sport ist, habe ich mir das Modell von Thomas Hellriegel angeschafft. Seit neun Jahren, also praktisch meine gesamte Triathlon-Karriere hindurch, fahre ich ausschließlich Räder mit Zeitfahrgeometrie, weil das für mich bequemer ist. Genauso gibt es bei den Profiradfahrern die unterschiedlichsten Vorlieben.

Auch die Frage, ob Lenkerendschalthebel oder normale Bremsschaltgriffe, ist individuell unterschiedlich zu beantworten.

Ich erlaube mir den Luxus, das vor jedem Rennen neu zu entscheiden: Bei hügeligen Radstrecken und im Training bevorzuge ich Bremsschaltgriffe, in Hawaii lieber Lenkerendschalthebel.

Leistungsmesssysteme wie beispielsweise von der SRM (Schoberer Rad Messtechnik) sind ein exzellentes Mittel zur Trainingskontrolle für den Einsteiger, aber nicht wirklich notwendig. Viel ist dann doch Trainingserfahrung.

Eine weitere Unsitte ist das Umfunktionieren des Rades zum Tankwagen. Es ist völlig sinnlos, ein acht Kilogramm leichtes Fahrrad zu erwerben, um anschließend an den verschiedensten Stellen Flaschenhalter, Trinksysteme und Täschchen anzubringen. Auf einer Kurzdistanz braucht im Normalfall wirklich niemand mehr als zwei, und selbst beim Ironman nicht mehr als drei Flaschen mit Getränken.

ERDINGER
ALKOHOLFREI
ERDINGER
WEISSBRÄU
003
ERDINGER
ALKOHOLFREI
WEISSBR
CONTINENTAL
T2+COBRA
SWT.COM

AERODYNAMIK BEIM RADFAHREN

Mit verbesserter Aerodynamik kann man viel Kraft und Energie sparen. Besonders in Wettkämpfen mit Windschattenverbot ist ein geringer Luftwiderstand beim Radrennen wichtig.

Der Amerikaner Chester R. Kyle beschäftigte sich in seinen Studien intensiv mit der Verbesserung der Aerodynamik bei Fahrrädern. In ersten Tests stellte er fest, dass aerodynamische Modifikationen den Luftwiederstand um bis zu 80 Prozent reduzieren können. Für die Olympischen Spiele 1984 konzipierte Kyle das Equipment der Athleten des US-amerikanischen Radsportteams.

Nach überaus erfolgreichem Abschneiden wurde die Forschung und Entwicklung neuer, aerodynamisch optimierter Komponenten vorangetrieben. Davon profitierte nicht zuletzt der Triathlon-Sport, vor allem weil hier nun technische Neuerungen, wie Triathlonlenker, genutzt werden konnten, die im normalen Radrennsport nicht zugelassen waren.

Die Möglichkeiten zu Optimierung der Aerodynamik stellte Kyle in seiner Publikation »Aerodynamic Overhaul. Streamline Your Body and Your Bike. Bicycling« anhand einer Tabelle dar, die auf einem 40-Kilometer-Zeitfahren bei einer Durchschnittsgeschwindigkeit von 37 Stundenkilometern basieren. Schon kleine Veränderungen an der Aerodynamik kann man sich zunutze machen, die in ihrer Summe einen erheblichen Vorteil bieten.

Die Verringerung des Luftwiderstandes durch die angewandten Maßnahmen beziehen sich auf eine konventionelle Radausstattung und Fahrerbekleidung mit Radhose, Radtrikot, Netz-Radhandschuhen und Baumwollsocken.

MASSNAHME	VERBESSERUNG DER AERODYNAMIK IN %
> ENTFERNEN VON TRINKFLASCHEN SAMT HALTERUNGEN	2,8
> ANBRINGEN VON AERO-TRINKFLASCHEN SAMT HALTERUNGEN	1,6
> ANBRINGEN VON AERO-KURBELN	0,6
> ANBRINGEN VON KLICKPEDALEN	1,0
> ANBRINGEN VON AERO-VORBAU	0,2
> AERO-SCHALTGRUPPE UND -BREMSEN	2,0
> ENTFERNEN DES KLEINEN KETTENBLATTES	0,3
> AERO-LAUFRAD VORN MIT SCHLAUCHREIFEN	4,8
> AERO-LAUFRAD HINTEN MIT SCHLAUCHREIFEN	2,0
> SCHEIBEN-LAUFRAD VORN	7,2
> SCHEIBEN-LAUFRAD HINTEN	3,6
> VERLEGEN DER PUMPE UNTERS OBERROHR ANSTATT HINTERS SATTELROHR	0,8
> RASIEREN DER BEINE	0,6
> TRAGEN EINES AERO-HELMS	5,2
> TRAGEN EINES TRIATHLONANZUGS, EINTEILERS, ARME UND BEINE KURZ	3,2
> TRAGEN VON LYCRA-RADHANDSCHUHEN	0,2
> TRAGEN VON LYCRA-SCHUHÜBERZÜGEN	1,4
> TRAGEN VON GLATTEN NYLON-SOCKEN	0,4
> ÜBERKLEBEN DER SCHUHBÄNDER	0,8

(QUELLE: KYLE, CHESTER R.; ZAHRADNIK, FRED: AERODYNAMIC OVERHAUL. STREAMLINE YOUR BODY AND YOUR BIKE. BICYCLING, JUNI 1987, S. 72–79)

Im Low-Speed-Windkanal in San Diego: Wir feilen an der aerodynamisch optimalen Position. Diese ist leider auch für mich nicht fahrbar, aber wir kommen der Sache langsam näher.

LAUFEN

Für den Materialfetischismus des Triathleten ist Laufen eigentlich ein Ärgernis, da das einzige Produkt im Grunde genommen der Schuh ist. Trotz aller Versuche und teilweisen Verirrungen der Schuhindustrie, sei es mit neuartigen Schließsystemen (Klettverschluss, Drehverschluss) oder integrierten Pumpsystemen, wurde der Schnürsenkel praktisch nicht verdrängt, auch wenn im Triathlon oftmals einer aus Gummi benutzt wird. Im Wettkampf werden, zumindest im Profibereich, aufgrund des Gewichts Schuhe nahezu ohne jegliches Dämpfungssystem benutzt. Das gibt den Schuhherstellern wenig Raum für technische Spielereien und nimmt sie umso mehr in die Pflicht, qualitativ wirklich Hochwertiges zu produzieren.

BEKLEIDUNG

Die Kleidung auf der Laufstrecke ist eher zweitrangig. Es macht keinen entscheidenden Unterschied, ob der Wettkampf nun im Triathlonanzug oder in separat für die Laufdistanz ausgewählter Kleidung beendet wird. Lediglich die zusätzlich für den Wechsel benötigte Zeit spricht für ein Equipment, das über die Gesamtdistanz getragen werden kann. Ansonsten darf das Outfit den Läufer nicht in seinen natürlichen Bewegungsabläufen behindern. Zweckmäßig sind schnell trocknende und atmungsaktive Stoffe. Je entspannter das Laufen praktiziert wird, desto größere Kraftreserven verbleiben für die Beinmuskulatur.

Im Training machen moderne Funktionsstoffe einem das Laufen angenehmer. Auswahl, Preis- und Qualitätsunterschiede sind natürlich riesig.

LAUFSCHUHE

Bei jedem Athleten ist der Bewegungsablauf beim Laufen individuell verschieden. Daher ist es wichtig, die korrekte Wahl des Laufschuhs zu treffen. Der Schuh muss der Anatomie des Sportlers entsprechend beschaffen sein. Deshalb ist dringend zu empfehlen, einen Fachhändler zur Vermessung und Diagnostik des Fußes zu Rate zu ziehen. Dieser stellt den Fußtyp fest und weiß, wie man durch einen mit entsprechender Dämpfung ausgestatteten Schuh Schwachstellen ausgleicht.

SOCKEN

Mikrofaser-Socken sind atmungsaktiv und transportieren Nässe schnell nach außen. Sie sollten unbedingt den Vorzug vor der Baumwoll-Variante erhalten, die bei Nässe Falten werfen und so unangenehme Scheuer- oder Druckstellen verursachen können. Da ist Blasenbildung vorprogrammiert.

Asics Gel Kinsei Laufschuhe gehören zu den qualitativ hochwertigen Modellen. Sie erfüllen hohe Ansprüche und bieten viel Komfort bei Belastungen.

LAUFKAPPE UND SONNENBRILLE

Mit der Verwendung von Cap und Sonnenbrille schützt man sich nicht nur vor Sonneneinstrahlung, sondern entspannt auch die Gesichtszüge und schützt sich vor äußeren Einflüssen wie Wind und Insekten. Solche »Kleinigkeiten« erscheinen zunächst vielleicht irrelevant, können sich aber positiv auf den gesamten Oberkörper auswirken, da man Verkrampfungen vorbeugt.

FARIS' TIPPS FÜR DIE LAUFBEKLEIDUNG

Ich kann nicht oft genug betonen, wie wichtig gute Laufschuhe sind. Man kann Baumwollsocken tragen und im Winter mit drei billigen Pullis übereinander laufen, aber Schuhe bitte niemals im Bau- oder Supermarkt kaufen! Ihre Gummistiefel können vom Discounter sein, Ihr Laufschuh bitte nur aus dem Sportfachhandel. Ist man noch nie gelaufen, sollte man unbedingt eine Fuß- bzw. Laufstilanalyse machen, sich Zeit nehmen und beraten lassen.

Ungeeignete Schuhe sind der schnellste Weg, sich Verletzungen an Fuß-, Knie- und Hüftgelenk zu holen. Hier wäre wirklich an falscher Stelle gespart.

Beim Laufen sollte stets eine Kopfbedeckung getragen werden. Im Sommer stoppt ein Stirnband, ein Kopftuch, ein Schirmmützchen oder eine Laufkappe den Schweißfluss in die Augen und hält zu viel Sonne oder Zecken ab. Im Winter ist die Erkältungsgefahr deutlich höher, wenn man oben ohne läuft.

Hochwertige Funktionsbekleidung wie z.B. die Seamless Sportunterwäsche von Asics hält den Körper warm und trocken, senkt dadurch ebenfalls das Erkältungsrisiko, verhindert durch antibakterielle Stoffe die Geruchsbildung, sorgt für ein angenehmes Gefühl und erhöht den Spaßfaktor beim Training.

FARIS' WETTKAMPFAUSRÜSTUNG 2006

SCHWIMMEN

NEOPRENANZUG	AQUA SPHERE XP
SCHWIMMBRILLE	AQUA SPHERE SEAL XP
TRIATHLONTOP	ASICS
BADEHOSE	ASICS

RADFAHREN

RAHMEN	CANNONDALE SLICE SIXI3 MIT 78ER SITZROHRWINKEL
GABEL	CANNONDALE SLICE AERO PREMIUM
KOMPONENTEN	CAMPAGNOLO RECORD IO-FACH
FLASCHENHALTER	CAMPAGNOLO RECORD
LENKER	XENTIS AERO PROTOTYP
LAUFRÄDER	XENTIS MARK I TT
REIFEN	CONTI COMPETITION PROFIVERSION
BRILLE	OAKLEY HALF JACKET
SATTEL	FIZIK ARIONE CARBON
LEISTUNGSMESSER	SRM PROFIVERSION
KURBELN	CANNONDALE SI HOLLOGRAMM 175 mm

LAUFEN

SCHUHE	ASICS GEL-OHANA RACER
STIRNBAND	CANNONDALE

5 Lauftraining auf der Tartanbahn.

DAS TRIATHLON-TRAINING

»MIR TUT ALLES WEH VOM KOPF BIS ZU DEN FÜSSEN. SOGAR DAS LIEGEN SCHMERZT.«

THOMAS HELLRIEGEL

TRAINING

Triathlontraining ist komplex, und den einen, einzig richtigen Weg gibt es nicht.

Altersklassenathleten, und auch viele Profis, trainieren hauptsächlich das, was ihnen am meisten Spaß macht, und so, wie es ihnen am meisten Spaß macht. Das ist gut so, denn in erster Linie soll Training Freude bereiten.

Zur optimalen Leistungssteigerung dagegen ist zum einen das Arbeiten an den Schwächen unerlässlich, zum anderen müssen oft unangenehme Trainingsmaßnahmen vollzogen werden. Hier gilt es abzuwägen, was man für Ziele hat.

Ein Dehnprogramm oder das Stärken der Fußmuskulatur ist sinnvoll, aber langweilig, und wenn man sowieso wenig Zeit hat, läuft man verständlicherweise lieber. Man sollte allerdings ernsthaft über Dehnübungen nachdenken, wenn man sich nur noch im Sitzen die Schuhe binden kann.

Auch so manche 300 Kilometer lange Radausfahrt ist – physiologisch betrachtet – Trainingsirrsinn. Psychologisch hingegen kann eine solche Einheit so motivierend und befriedigend sein, dass man über Monate geistig davon zehrt.

Natürlich muss man sein Training auch an die zeitlichen und örtlichen Gegebenheiten anpassen, aber wenn man wirklich trainieren will, geht das fast überall. Ob man auf Geschäftsreise im

Oben: Schwimmstart der Profis auf Hawaii.
Mitte: Cameron Brown auf dem Rad.
Unten: Cameron Brown hinter Hector Llanos.

Hotelzimmer ein Dehn-, Kraft- oder Seilspringprogramm absolviert oder bei Eis und Schnee zuhause auf der Rolle fährt. Wer trainieren will, findet immer Möglichkeiten.

TRAININGSBELASTUNG

Im Triathlon ist es nicht anders, als in den meisten anderen Sportarten. Wer in jungen Jahren mit dem Training beginnt, legt bereits hier den Grundstein für seine physische und mentale Stärke. Dann formen sich körperliche Voraussetzungen für den Triathlon, relevante Muskeln, Sehnen und der Knochenbau. Dies sollte aber niemanden davon abhalten, auch in fortgeschrittenerem Alter mit dem Ausdauersport zu beginnen.
Gerade bei Triathlonveranstaltungen für jedermann, sei es auf der Kurz- oder Volksdistanz, sind alle Altersklassen vertreten. Und in jeder Klasse findet man Anfänger. Aber Anfänger ist man auch nur am ersten Wettkampftag.

GEZIELTES TRAINING

Die Ausdauerleistungsfähigkeit des Menschen nimmt im Durchschnitt ab dem 30. Lebensjahr ab. Diesem normalen Prozess kann man durch gezieltes Training entgegenwirken. Zielgerichtetes Trainieren, z.B. auf einen Wettkampf hin, ist in den meisten Fällen ausschlaggebend für stetige Leistungssteigerungen. Solange man den Tag X im Fokus behält, stellt man sicher, dass die Bereitschaft zur Verbesserung der eigenen Fähigkeiten vorhanden ist. Und die Motivation, mehr Leistungsbereitschaft zu zeigen, vielleicht besser zu sein, als im Wettkampf davor, tut ihr Übriges. Triathleten mit Ambitionen auf größere Ziele können kleinere Veranstaltungen auch als Etappenziele zur Überprüfung ihres gesteigerten Potenzials nutzen. Das gestaltet die Vorbereitungszeit interessanter und kurzweiliger. Außerdem geben diese Wettkämpfe Aufschluss über die positive oder auch stagnierende Wirkung des Trainingsprogramms.

TRAININGSERFOLGE MOTIVIEREN

Allerdings kann gerade bei immer wiederkehrenden Trainingsmustern der Spaß trotz aller Aussichten auf Wettkampferfolg in Monotonie und Langeweile umschlagen. Daher ist es gerade im Triathlon wichtig, einen oder mehrere Trainingspartner zu finden. Allein der Umstand, sich nicht allein überwinden zu müssen und sich gegenseitig pushen zu können, macht eine gemeinsame Wettkampfvorbereitung sinnvoll.
Trainingseinheiten mit mehreren Athleten sind keine internen Wettbewerbe. Vielmehr können sie die Stetigkeit der Einheiten und auch Ruhephasen regulierend unterstützen.
Viele Athleten gestalten ihr Trainingsprogramm variabler, indem sie neben den Teilnahmen an kleineren Veranstaltungen auch reine Schwimmwettbewerbe, Radrennen und Straßenläufe absolvieren.

MOTIVATION

Einmal mit dem Triathlon-Virus infiziert, wird man ihn auch so schnell nicht wieder los. Persönliche Bestleistungen und Rekorde bestehen, um gebrochen zu werden. Aber vor den Lohn hat jemand auch hier den Schweiß gesetzt.

Die meisten Hobbytriathleten entwickeln Jahr für Jahr aufs Neue den Ehrgeiz, sich selbst ihre Leistungsstärke zu beweisen – gar nicht einmal mit einem festgelegten Endziel, sondern einfach

nur um ihrer Konditionierung für den Sport selbst willen. Bei den Profis darf man dies ruhig differenzierter betrachten.

Die Fähigkeiten der Profis, sich immer punktgenau hochmotiviert zu präsentieren und Top-Leistungen abrufen zu können, ist bemerkenswert. Jeder Amateur darf hier ruhig einmal den Vergleich zum eigenen Job anstellen und eine Einschätzung abgeben, wie konsequent, zielorientiert und motiviert er diesen erledigt.

Egal ob nun Profi oder Hobbysportler, Durchsetzungsvermögen und ein starker Wille bauen auf richtigem Training auf, das sich in Erfolgen messen lässt. Die einen bringen mehr Talent mit, andere kompensieren dies durch Trainingsfleiß und werden ebenso erfolgreich. Es geht darum, den Ansporn zu bewahren, sich stetig weiterzuentwickeln und neue persönliche Ziele abzustecken.

Mentale Fitness und Ausgeglichenheit bilden beim Triathlon das Fundament für eine langandauernde Vorbereitungszeit. Ruhelos zu sein und laufend unter Strom zu stehen, macht das Erreichen langfristiger Ziele eher illusorisch. Dies endet dann oft im Übertraining, dessen Folgen sowohl körperlich als auch mit Blick auf die mentale Verfassung schwerwiegend sein können. Nur wenn die Motivation auf realistischer Einschätzung der eigenen Leistungsentwicklung beruht, kommt man an sein Ziel.

In den verschiedenen Trainingsphasen, die sukzessiv aufeinander aufbauen, sollte man sich realistische Zwischenziele setzen, um Trainingserfolge als Motivationsschub für kommende Aufgaben zu nutzen. Auch wenn der Erfolg eines Programms nicht so positiv wie erwartet ausfällt, kann man dies unter »Erfahrungswerte« verbuchen. Dann heißt es: Kopf hoch, zuschauen, was andere eventuell besser machen, sich austauschen und eine neue, bessere Trainingsstrategie ausarbeiten. Weiter geht´s!

STETIGES TRAINING, REGENERATION, MENTALE FITNESS

Nicht die massive Belastung des Körpers in wenigen Einheiten stellt die erfolgreiche Vorbereitung auf eine Veranstaltung dar, sondern ein stetiges Training mit ausreichenden Ruhephasen für Physis und Psyche gibt Ausdauer und Kraft. Die Regeneration darf man niemals außer Acht lassen. Sie ist ebenso wichtig wie das Training selbst. Mentale Fitness gehört ebenfalls dazu, einen Triathlon erfolgreich zu finishen. Mit der messbaren Steigerung der physischen Kräfte geht als ein positives Nebenprodukt meist ein gestärktes Selbstvertrauen einher.

Doch auch das kann die Nervosität vor Wettkämpfen kaum unterdrücken. Wer sich im Vorfeld einer Veranstaltung erfolgreich abzulenken weiß und gelassener ins Rennen geht, kann den Wettkampf entspannter im Vertrauen auf die eigenen Fähigkeiten angehen.

Als Triathlet investiert man neben viel Herzblut auch viel Zeit in diese Sportart. Deshalb ist es ausgesprochen wichtig, die Balance zwischen dem normalen Tagesablauf mit Job, Familie und Freunden, der eigenen Gesundheit und dem Trainingsprogramm zu finden. Sobald dieses Gleichgewicht verloren geht und der Sport die persönlichen Bedürfnisse verdrängt, läuft etwas falsch. Das schlägt sich dann nicht nur im Privat- oder Berufsleben nieder, sondern spiegelt sich auch in der körperlichen Leistungsfähigkeit wider.

Natürlich zehrt Triathlon auch an anderen, profaneren Stellen, nämlich am Geldbeutel. Wer in ein entsprechendes Rad und einen guten Neoprenanzug investiert, dem werden die Kosten schnell als ein nicht unwesentlicher Faktor bewusst. Aber gerade für Anfänger gilt auch hier, dass der Spaß und die eigene Herausforderung im Vordergrund stehen und man deshalb auch mit einer vernünftigen Grundausstattung ein Finisher werden kann.

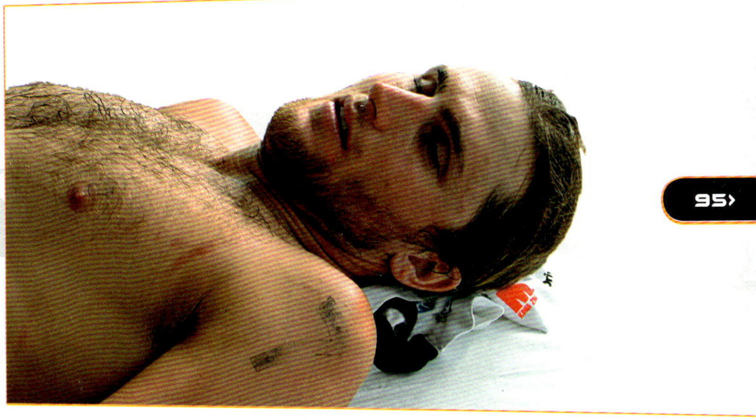

NICHT DEN SCHNELLEN ERFOLG SUCHEN

Für das Triathlon-Training muss man sich darüber im Klaren sein, dass man ein langfristiges Ziel verwirklichen will und nicht nur den schnellen Erfolg sucht. Der menschliche Körper reagiert nicht unmittelbar auf Trainingsreize, sondern stellt sich auf die zunehmenden Belastungen ein, lernt quasi, sich den neuen Anforderungen anzupassen, die

Ich bin ziemlich kaputt, als ich nach dem Ironman Hawaii 2004 im Massagezelt liege.

an ihn gestellt werden. Ein behutsamer aber stetiger Trainingsrhythmus führt dabei zu schnelleren Ergebnissen, als die Jagd nach persönlichen Bestleistungen.

Das Herz-Kreislauf-System als aerober Bereich passt sich an die physische Belastung weitaus schneller als der anaerobe Bereich mit Muskeln, Bändern und Sehnen. Um dem Körper die Möglichkeit zu geben, sich ganz den neuen Trainingsansprüchen anzupassen, sollte das Trainingspensum pro Woche um maximal 10 Prozent gesteigert werden – und das natürlich auch nicht jede Woche.

Die Grundlage für den Erfolg ist also Ausdauer und Geduld. Sich Ausdauer und Kraft anzutrainieren bedeutet letztendlich nichts anderes, als Energie in Form von Sauerstoff und Glukose – Traubenzucker – aufzunehmen und effizient umzusetzen. Dabei unterscheidet man zwischen aerober und anaerober Energiegewinnung.

AEROB ODER ANAEROB

Der Großteil der Athleten trainiert hauptsächlich im aeroben Bereich, d.h. der Fokus wird auf lange Strecken mit reduzierter physischer Belastung, bei ca. 60 bis 80 Prozent der maximalen Herzfrequenz (MHF), gelegt. Bei dieser Trainingsmethode findet in den Muskeln unter ständiger Zufuhr von Sauerstoff eine geregelte Verbrennung von Glukose statt. Verfügt der Körper über ausreichend Reserven an Kohlenhydraten und Eiweiß, kann die Bereitstellung der Energie andauern. Nach einiger Zeit stellt sich eine positive Nebenwirkung ein, wenn körpereigene Fettreserven zusätzlich verbrannt werden.

Die anaerobe Energiegewinnung funktioniert nicht bei länger andauernder körperlicher Belastung. Sie spielt bei kurzzeitiger, intensiver Leistungssteigerung eine Rolle. Die Bereitstellung von Sauerstoff in den Muskeln kommt dabei dem tatsächlichen Bedarf nicht nach, sodass dort der Traubenzucker allein zur Energiegewinnung umgesetzt wird. Dabei entsteht Laktat – Milchsäure –, wodurch die Muskeln bei fortdauernder Belastung schmerzen und die Leistung sinkt.

Durch übertriebenes Training im anaeroben Bereich kann die Ausdauer nicht gesteigert werden. Es ist sogar gesundheitsschädlich, denn die dabei entstehenden freien Radikale steigern das Risiko für Infarkte und Krebs.

Der Übergang von der aeroben Energiegewinnung zur anaeroben ist individuell verschieden, je nach physischer Voraussetzung und Trainingsstand. Durch Ausdauertraining lässt sich diese Schwelle nach oben verschieben. Trotz gesteigerter Herzfrequenz kann der Körper dann immer noch Sauerstoff und Glukose im aeroben Bereich verbrennen. Es empfiehlt sich also, im Training die Herzfrequenz zu überprüfen. Dabei kann man sich einfach an der Formel
226 MINUS ALTER = MHF FÜR FRAUEN und
220 MINUS ALTER = MHF FÜR MÄNNER orientieren.

Besonders hilfreich und eigentlich notwendig ist der Gebrauch von Pulsmessern beim Training. Sich mit ihrer Hilfe ausschließlich an der MHF zu orientieren ist aber nur bedingt richtig und abhängig von der Tagesform. Sollte man einen schlechten Tag erwischt haben, ist es wenig förderlich, den Puls in die Höhe zu treiben und die Einheit beenden zu wollen. Besser ist es dann, das Training abzubrechen und die Zeit zur Regeneration zu nutzen.

Pulsuhren, ebenso Laktatwertmessungen und andere Instrumente zur Kontrolle sind nur dann wirklich nützlich, solange das Training unabhängig davon ebenso funktioniert. Das Kennenlernen und richtige Einschätzen der eigenen Physis gibt Vertrauen in die eigene Leistungsfähigkeit. Die gemessenen Werte bestätigen die verbesserte Fitness und geben Aufschluss über die Effektivität des Trainingsprogramms. Der Erfolg lässt sich dokumentieren.

TRAINING MIT ORIENTIERUNG AN DER MAXIMALEN HERZFREQUENZ (MHF)

Nach der Bestimmung der MHF kann man durch Training mit unterschiedlicher Intensität in verschiedenen Bereichen trainieren, um individuelle Trainingsreize zu erzeugen.

% DER MHF	BEREICH	EFFEKT/TRAININGSREIZ
50 – 60	KOMPENSATIONSBEREICH (KB)	OPTIMALER EINSTIEG IN DEN AUSDAUERSPORT STÄRKUNG VON HERZ UND KREISLAUF
60 – 70	GRUNDAUSDAUER I (GA I)	TRAINING FÜR HERZ UND KREISLAUF VERBESSERUNG DER FITNESS MAXIMALES VERBRENNEN VON KALORIEN AUS FETT
70 – 80	GRUNDAUSDAUER 2 (GA 2)	AEROBES TRAINING OPTIMALE STEIGERUNG DER AUSDAUER TRAINING FÜR LUNGE, HERZ UND KREISLAUF VERBESSERUNG DER ATMUNG
80 – 90	ENTWICKLUNGSBEREICH (EB)	MAXIMALER LEISTUNGSGEWINN IN KURZEN TRAININGSEINHEITEN
90 – 100	WETTKAMPFAUSDAUER (WA)	ZUR FORMÜBERPRÜFUNG FÜR KURZE BELASTUNGSPROBEN KEINE DAUERHAFTE TRAININGSINTENSITÄT!

DIE FETTVERBRENNUNG

Ein paar Worte möchte ich noch über die Fettverbrennung verlieren, denn hier bestehen oft Missverständnisse. Der Fettspeicher eines Menschen, selbst eines ziemlich austrainierten (ca. 5 bis 10 Prozent Körperfettanteil bei Männern und etwa 8 bis 15 Prozent bei Frauen) ist nahezu unerschöpflich. Die Kohlenhydratspeicher in Muskulatur und Leber dagegen sind genauso begrenzt wie die Aufnahmefähigkeit für Kohlenhydrate während des Wettkampfes.

Das bedeutet, dass die Fähigkeit, Fette als Energielieferant nutzen zu können, eine besondere Bedeutung hat. Durch hohe Umfänge im Grundausdauerbereich wird diese Fähigkeit trainiert, sodass es bei einigen Rad- und Triathlonprofis erstaunliche Anpassungserscheinungen gibt. Diese ermöglichen es ihnen, im Grundausdauerbereich mit nahezu vollständiger Fettverbrennung Sport zu treiben und im Wettkampf die begrenzten Kohlenhydratreserven stark schonen zu können.

Aber die Fettverbrennung ist nur neben einer Kohlenhydratverbrennung möglich. Das bedeutet: Um die Fettverbrennung zu trainieren, muss man – bis auf wenige Ausnahmeathleten – Kohlenhydrate zu sich nehmen. Ansonsten drohen schwere Hungeräste (Unterzucker), die den Körper sehr viel Regenerationsarbeit kosten und bei weniger trainierten Sportlern auch zum Abbruch der Trainingseinheit führen können.

Wenn man das Niveau der Einsteigerklasse verlassen hat, dann wird schon in niedrigen Intensitäten anteilsmäßig mehr Fett verstoffwechselt.

Regelmäßige Leistungsdiagnostiken, am besten Rad- und Lauftests, geben Aufschluss darüber, ob das Training anschlägt wie gewünscht. Bei einer professionellen Leistungsdiagnostik lässt sich über eine Atemgasanalyse auch der Grad der Fettverbrennungsfähigkeit feststellen.

Als Einsteiger ist es nicht unbedingt notwendig, sofort eine Leistungsdiagnostik zu machen, denn die sagt aller Voraussicht nach zunächst nur aus, dass man ziemlich schlecht in Form ist. Nach der ersten Triathlonsaison, wenn die Ziele über das bloße Überstehen einer Kurzdistanz hinausgehen und man die Leistung gezielt verbessern möchte, ist eine Leistungsdiagnostik sinnvoll (siehe S. 100ff.) und hat auch relevante Aussagekraft.

TRAINING DER EINZELDISZIPLINEN

Das Training sollte mehrere relevante Bereiche abdecken. Neben der Technik, die besonders beim Schwimmen einen entscheidenden Anteil am erfolgreichen Abschneiden in dieser Disziplin hat, ist Ausdauerleistung die Grundlage für alle drei Teilstrecken.

Prinzipiell kommt es nicht auf die Geschwindigkeit an, mit der das Training ausgeführt wird. Längere, aber dosiert praktizierte Einheiten fördern das Herz-Kreislauf-System und gehören unbedingt zur Vorbereitung auf ein effektives

Kraft- und Tempotraining. Dies wiederum dient vor allem dem Muskelaufbau, der Kräftigung von Sehnen und Bändern und – nicht zu vergessen – des Willens und der Hartnäckigkeit.

Ziel des Krafttrainings ist es nicht, Muskelpakete aufzubauen, denn Muskelmasse ist schließlich auch Körpergewicht. Deshalb wird hier eher im Hinblick auf Kraftausdauer trainiert, was im Einzelnen bedeutet, leichte Übungen mit vielen Wiederholungen durchzuführen.

Zwar sind die allgemeinen Trainingsziele im Triathlon gut bekannt, jedoch hat die genaue Ausgestaltung der Trainingspläne bei dieser hoch komplexen Sportart ihre Tücken. Die Kombination dreier Sportarten, mit ihren sehr unterschiedlichen Anforderungen, die sich gegenseitig positiv sowie negativ beeinflussen, hat schon so manchen Athleten wie auch Trainer zur Verzweiflung gebracht.

Die Trainingsprogramme von Profis weisen erhebliche Unterschiede auf. Grundsätzlich hängen sie von vielen Faktoren ab, z. B:

> TRAININGS- UND LEBENSALTER
> GESCHLECHT
> STATUR
> TRAININGSMÖGLICHKEITEN
> WOHNORT
> PERSÖNLICHER TRAININGSPHILOSPHIE
> VERLETZUNGS- BZW. KRANKHEITSANFÄLLIGKEIT

Das Grundprinzip des Trainierens ist die Superkompensation. Das bedeutet, dass der Körper nach einem Reiz, sei es ein Kraft-, Schnelligkeits- oder ein Ausdauerreiz, über das ursprüngliche Leistungsniveau hinaus regeneriert.

Je höher das Leistungsniveau, desto schwieriger ist es, Reize zu setzen, die dieses Niveau noch erhöhen, ohne den Körper zu schädigen und somit das Leistungsniveau wieder herabsetzen.

Ihre einzigartige Stellung im Ausdauersport hat die Langdistanz, weil sie, neben der Kombination der drei gängigen Ausdauersportarten, hinsichtlich der Dauer die letzte Distanz ist, an die mit einem echten hochleistungssportlichen Ansatz herangegangen wird. Bei allen längeren Distanzen, 3- bis 30-fach Ironman, Race Across America Radrennen, Ultraläufen usw., verschiebt sich die Bedeutung der Geschwindigkeit zugunsten des Durchhaltevermögens bzw. der Fähigkeit, Schlafentzug zu ertragen.

Der Ironman ist die Grenzdistanz, ab der das Abenteuer beginnt. Neben der Fähigkeit durchzuhalten ist aber hier die Geschwindigkeit immer noch das für den Sieg entscheidende Kriterium. Training für einen Ironman gleicht einem Seiltanz: Wird der Trainingsumfang zu hoch bzw. wird zu spät mit dem Ausruhen begonnen, steigt zwar die Wahrscheinlichkeit durchzukommen, aber die Spritzigkeit sinkt. Ist der Trainingsumfang zu niedrig, droht der Einbruch. Arbeitet man am Laufen, kommt das Schwimmen oder das Radfahren zu kurz.

LEISTUNGSDIAGNOSTIK

DIE MAFFETONE-METHODE

Eine differenziertere Möglichkeit zur Bestimmung der Herzfrequenz bietet die Maffetone-Methode. Leicht verständlich und einfach in der Anwendung wird durch sie ein Herzfrequenzwert errechnet, der sich immer im aeroben Bereich befindet und praktisch gewährleistet, das Verletzungsrisiko zu minimieren. Dr. Philip Maffetone ist Physiotherapeut und Kinesiologe. In seiner Funktion als Sportmediziner betreute er viele Profiathleten, darunter auch Hawaiis Seriensieger Mark Allen und Paula Newby-Fraser.

Maffetone setzt in seiner Methodik auf die Kontrolle der Herzfrequenz. Er stellte fest, dass Pulsmessgeräte mehr Informationen liefern können, als lediglich die Herzfrequenz. In den Daten sieht Maffetone ein Biofeedback von körperlichen und mentalen Zuständen. Er interpretierte die unterschiedlichen Reaktionen des menschlichen Körpers auf pysische, visuelle und akustische Einflüsse und entwickelte daraus ein Schema zur objektiven Beurteilung der Leistungsfähigkeit anhand der gemessenen Herzfrequenz.

In seinem Artikel »Want Speed? Slow down!« differenziert er die Anwendung seiner Methode genauer. Maffetone setzt in Trainingseinheiten ausschließlich auf aerobe Belastungen, denn anerobes Basistraining und verfrühtes Kraftausdauertraining kann die Anzahl aerober Muskelpartien spürbar verkleinern.

Häufige anaerobe Trainingsintensität verändert die Energiebereitstellung im menschlichen Körper. Die aus Glukose resultierende Energie übersteigt den aus Fett gewonnenen Anteil maßgeblich und verändert nachhaltig den Stoffwechsel.

Aerobe Prozesse werden in Folge von Stress und Hektik behindert. Mit erhöhtem Blutzuckerspiegel wird auch hier die Fettverbrennung verringert und der anaerobe Stoffwechsel verstärkt.

Maffetones Prinzip erscheint denkbar einfach, aber die Umsetzung fällt Triathleten dennoch oft schwerer, als man annehmen mag. Da die Konzentration auf ausschließlich aerobes, subjektiv als langsam empfundenes Training, ohne intensive Belastungsspitzen gelegt wird, erfordert die Methode tatsächlich konsequentes Durchhalten und Ausdauer im Kopf. Die errechneten MHF-Werte erscheinen zunächst ungewöhnlich niedrig, aber vor allem ein aerobes Training der Grundausdauer über einen langen Zeitraum sorgt für kontinuierliche Leistungssteigerungen, ohne krankheits- oder verletzungsanfällig zu werden. Und das Konzept geht auf. Nach einiger Zeit wird man bei gleichbleibender Herzfrequenz das Tempo forcieren können, ohne sich anaeroben Bereichen zu nähern.

Mit der von Maffetone entwickelten »Formel 180« ermittelt man den physischen Istzustand und leitet davon die maximale aerobe Herzfrequenz ab. In regelmäßigen Abständen von etwa vier Wochen angewendet, ermöglicht die Maffetone-Methode eine objektive Kontrolle von Fortschritt oder Stagnation während des Grundlagentrainings.

SO FUNKTIONIERT DIE MAFFETONE-METHODE

180 MINUS ALTER = WERT, DER IN A BIS D ALS BERECHNUNGSGRUNDLAGE DIENT

A
- KEINE ERFAHRUNG IM TRAINING
- ÜBERSTANDENE SCHWERE VERLETZUNG, ERKRANKUNG ODER OPERATION
- EINNAHME VON MEDIKAMENTEN

>> VERRINGERN DES WERTES UM 10

B
- UNREGELMÄSSIGES TRAINING IN LETZTER ZEIT
- TRAINING, OHNE ERREICHEN DER PERSÖNLICHEN ZIELE WIE VERBESSERUNG DER FITNESS, REDUZIERUNG DES GEWICHTS, VERBESSERUNG VON WETTKAMPFERGEBNISSEN
- ÜBERSTANDENE LEICHTE VERLETZUNG BZW. ERKRANKUNG (GRIPPE ODER SCHNUPFEN)

>> VERRINGERN DES WERTES UM 5

C
- REGELMÄSSIGES TRAINING (DREI- BIS VIERMAL PRO WOCHE) IM LETZTEN JAHR
- VERBESSERUNG DER FITNESS UND WETTKAMPFERGEBNISSE, REDUZIERUNG DES GEWICHTS
- KEINE VERLETZUNG ODER ERKRANKUNG

>> KEINE ÄNDERUNG DES WERTES

D
- LEISTUNGSZUWACHS IN DEN LETZTEN 2 JAHREN
- REGELMÄSSIGES TRAINING UND TEILNAHME AN WETTKÄMPFEN
- KEINE VERLETZUNG ODER ERKRANKUNG

>> ERHÖHEN DES WERTES UM 5

LEISTUNGSDIAGNOSTIK

DER CONCONI-TEST

Eine weitere Methode zur Bestimmung der aerob-anaerob-Schwelle ist der Conconi-Test. Die Ergebnisse dieses Tests lassen sich per Radfahren oder auch auf der Laufbahn eruieren. Allerdings sind einige Faktoren für ein korrektes Resultat ausschlaggebend. Voraussetzung ist etwa eine gleichbleibende Aerodynamik während des Tests auf dem Rad sowie, bei möglichst windstillen Bedingungen zu laufen.

Um das Ergebnis nicht zu sehr zu beeinflussen, sollte der Conconi-Test in körperlich frischem Zustand durchgeführt werden, nicht nach intensiven Trainingsbelastungen oder in regenerativen Phasen. Mit einem leichten Aufwärmprogramm im Kompensationsbereich (KB) der Herzfrequenz (siehe S. 97) wird der Test vorbereitet.

Im Verlauf des Tests werden auf einer 400-Meter-Laufbahn Herzfrequenz und Zwischenzeiten alle 200 Meter gemessen und dokumentiert. Dies funktioniert natürlich am besten mit Unterstützung von zwei Helfern, die sich am Rand der Strecke positionieren und die Daten aufnehmen. Es gibt jedoch auch Pulsmesser, mit denen sich solche Intervalle eigenständig speichern und auswerten lassen.

Nach lockerem Anfangstempo, für die ersten 200 Meter ist eine Minute und mehr völlig in Ordnung, steigert man die Geschwindigkeit in Abständen von 200 Meter kontinuierlich. Die Helfer protokollieren dabei auf jeder Runde die Werte und Zeiten.

Das Tempo erhöht man bis zur maximal erreichbaren Geschwindigkeit in einer letzten Laufrunde. Aus den Daten wird nun nach der Formel

720 : ZEIT IN SEKUNDEN AUF 200 METER = KM/H

das Tempo ermittelt. Mit einer Zeit von 60 Sekunden über 200 Meter rechnet man also:

720 : 60 sek = 12 km/h

Die Werte der einzelnen Intervalle werden nun in ein Koordinatensystem übertragen, auf dessen Achsen Geschwindigkeit (x) und Herzfrequenz (y) aufgetragen sind. Verbindet man die Punkte, wird die so entstehende Kurve zuerst gerade oder leicht ansteigend verlaufen und an einem bestimmten Punkt abknicken. Dort liegt die individuelle Aerob-anaerob-Schwelle, die das Lauftempo wiedergibt, das man ohne muskuläre Übersäuerung für längere Zeit beibehalten kann.

Verschiebt sich die Kurve nach mehreren Testreihen im Laufe einer Vorbereitung nach rechts, darf dies als Indiz für ein effizientes Training gewertet werden.

SUPERKOMPENSATION

Das erstaunliche Grundprinzip des Trainings ist das der Superkompensation. Dabei profitiert man von der Regeneration des Körpers. Jeder Sportler beginnt das Training auf einem individuellen Leistungsniveau. Im Laufe der körperlichen Belastung nimmt dieses aufgrund von Ermüdung natürlicherweise ab. In der Regenerationsphase nach der Trainingseinheit erholt sich der Körper und kehrt dabei nicht nur auf das ursprüngliche Niveau zurück, sondern geht darüber hinaus. In diesem Zustand der Superkompensation ist man für einen gewissen Zeitraum leistungsfähiger als vor dem Training. Setzt man jetzt die nächste, im Vergleich zur ersten Trainingseinheit leicht erhöhte Belastung an diesem Punkt des gestiegenen Leistungsniveaus an, so erreicht man danach ein erneut gewachsenes physisches Potenzial.

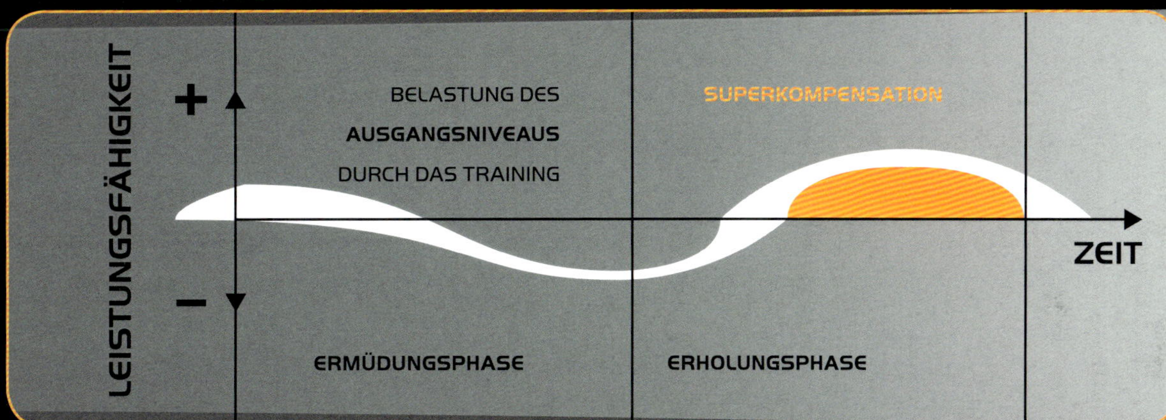

Mit diesem Wechselspiel von Be- und Entlastung werden nach und nach die körperliche, wie auch die mentale Belastbarkeit gefördert.

Im Triathlon ist es wegen der sowohl positiven als auch negativen Interaktion der Einzeldisziplinen äußerst schwierig, wissenschaftlich fundierte Aussagen zu treffen, wie und wann der nächste Trainingsreiz zu setzen ist. Die individuellen Voraussetzungen und Eigenheiten eines jeden Athleten fallen noch deutlich stärker als bei Athleten der Einzeldisziplinen ins Gewicht.

So manches Mal stellt man fest, dass der Körper eine Art Blackbox ist. Man steckt Training, Regeneration und Nahrung rein, und ein überraschendes Ergebnis kommt raus.

Bayrisch gesagt: »Nix gwies woas ma ned.« – Für Nordlichter: »Etwas Genaues weiß man nicht.«

Schwimmtraining

Man kann nicht oft genug betonen, wie wichtig das Erlernen der richtigen Technik beim Schwimmen ist. Selbst erfahrene Profischwimmer investieren einen beträchtlichen Anteil ihrer Trainingszeit in den Technikteil. Auch bei Wettkämpfen zeigt sich immer wieder, dass Schwimmspezialisten den Schwimm-Split unter sich ausmachen, im Verlauf des Wettkampfs dann aber häufig nichts mehr mit dem Rennausgang zu tun haben oder sogar durchgereicht werden.

Bei Sportlern, bei denen – vor allem Einsteiger – Schwimmen nicht gerade die Schokoladendisziplin ist, ist es noch wichtiger, den Fokus auf das Erlernen einer brauchbaren Technik zu legen. Wenn man gar nicht Kraulschwimmen kann, sollte man in jedem Fall einen Kurs besuchen und sich zunächst um nichts anderes als die Technik kümmern. Kraft und Ausdauer kommen mit der Zeit automatisch. Wenn man die Technik einigermaßen beherrscht, sollte man sich einem Schwimm- oder Triathlonverein anschließen, der Schwimmtraining anbietet. In der Gruppe fällt es viel leichter, sich zu belasten – vor allem muss im Schwimmen, im Gegensatz zu Radfahren und Laufen, mit höheren Intensitäten gearbeitet werden.

Selbst im Profibereich mit seiner immens hohen Leistungsdichte sind für Triathlon außergewöhnlich gute Schwimmzeiten nicht die Ausnahme. 2006 beim Ironman Hawaii mischte Linda Gallo als einzige Frau die führende Männerriege in der ersten Disziplin gehörig auf und schwamm aufgrund ihrer exzellenten Technik vorne mit.

Abwechslungsreiches Schwimmtraining trägt maßgeblich dazu bei, den Spaß an der Sache nicht zu verlieren. Einseitiges Training und scheinbar ewig andauerndes »Kachelnzählen« im Schwimmbad lassen schnell Monotonie aufkommen und bringen schlussendlich keinen sichtbaren Fortschritt. Fahrtspiele als Element des Trainingsprogramms gestalten die Stunden im Wasser interessanter. Man benutzt Hilfsmittel wie Flossen und Pullbuoy und variiert so zwischen Technik- und Ausdauerintervallen. Im Idealfall schließt man sich einem Schwimmteam an. Training in der Gruppe, gerade mit Teilnehmern unterschiedlicher Leistungsklassen, gewährleistet vor allem für Anfänger einen hohen Lerneffekt und vermittelt allen Beteiligten mehr Spaß als ein Training alleine.

Faris' Schwimmtipps

Ein Standardtraining beinhaltet bei mir Einschwimmen, Technik, Sprints bzw. progressive Elemente, ein bis drei Hauptserien und Ausschwimmen. Beim Einschwimmen gewöhnt man sich an das Element und aktiviert Muskulatur und Kreislauf. An der Technik kann man nur feilen, solange man noch einigermaßen frisch ist. Sprints bzw. progressive Elemente haben ebenfalls vorbereitenden Charakter und dienen dem Erhalt und der Verbesserung der Grundschnelligkeit. Die Hauptserien sind im

Schwimmsport meist in Intervalle mit unvollständiger Erholung aufgegliedert. Das oft vernachlässigte Ausschwimmen leitet die Regeneration ein und sollte nicht kürzer als fünf Minuten sein.
Wenn ich zuhause bin, schwimme ich bei meinem Schwimmverein im Training mit, auch wenn mich da manchmal die 14-jährigen Mädels abhängen. Ich muss mir dann nicht viele Gedanken über das vorgegebene Trainingsprogramm machen, und es fällt mir so leichter, mich hart zu belasten. Im Sommer versuche ich, trotz wenig Unterhautfettgewebe und dem daraus resultierenden schnellen Auskühlen, möglichst oft im See zu schwimmen, was mir Spaß macht und der Vorbereitung dient. Außerdem nehme ich an Freiwasserwettkämpfen (5 Kilometer Bayern-Cup) teil, die wegen ihrer, triathletisch gesehen, Überlänge ein optimales Training für einen Ironman darstellen.

FAHRTSPIELE FÜR DAS SCHWIMMTRAINING

UMFANG 1200 m

WIEDERHOLUNGEN	INTERVALL	STRECKE	PAUSE	BESCHREIBUNG	BEREICH (SIEHE S.97)
1	200 m	200 m		EINSCHWIMMEN	GA 1
2	100 m	200 m	1 min	KRAUL	EB
3	200 m	600 m	1 min	KRAUL	GA 2
1	200 m	200 m		AUSSCHWIMMEN	GA 1

UMFANG 2000 m

WIEDERHOLUNGEN	INTERVALL	STRECKE	PAUSE	BESCHREIBUNG	BEREICH (SIEHE S.97)
1	200 m	200 m		EINSCHWIMMEN	GA 1
3	200 m	600 m	1 min	KRAUL	GA 2
2	100 m	200 m	1 min	KRAUL	EB
3	200 m	600 m	1 min	BRUST	GA 2
2	100 m	200 m	1 min	KRAUL	EB
1	200 m	200 m		AUSSCHWIMMEN	GA 1

FAHRTSPIELE FÜR DAS RADTRAINING

UMFANG 34 km

WIEDERHOLUNGEN	INTERVALL	STRECKE	PAUSE	BESCHREIBUNG	BEREICH (SIEHE S.97)
1	10 km	10 km		EINFAHREN	GA 1
2	1 km	2 km	1 min	HOHES TEMPO	EB
2	5 km	10 km	1 min	TEMPO	GA 2
2	1 km	2 km	1 min	HOHES TEMPO	EB
1	10 km	10 km		AUSFAHREN	GA 1

UMFANG 52 km

WIEDERHOLUNGEN	INTERVALL	STRECKE	PAUSE	BESCHREIBUNG	BEREICH (SIEHE S.97)
1	10 km	10 km		EINFAHREN	GA 1
5	0,2 km	1 km	1 min	SPRINTS, DAZWISCHEN GA 1	EB
1	5 km	5 km		AUFLOCKERN	GA 1
2	10 km	20 km	1 min	TEMPO, FLACH	GA 2
2	3 km	6 km	1 min	BERG	GA 2
1	10 km	10 km		AUSFAHREN	GA 1

UMFANG 63,2 km

WIEDERHOLUNGEN	INTERVALL	STRECKE	PAUSE	BESCHREIBUNG	BEREICH (SIEHE S.97)
1	10 km	10 km		EINFAHREN	GA 1
6	0,2 km	1,2 km	1 min	SPRINTS, DAZWISCHEN GA 1	EB
1	5 km	5 km		AUFLOCKERN	GA 1
3	2 km	6 km	1 min	BERG	EB
5	5 km	25 km	1 min	TEMPO, FLACH	GA 2
2	3 km	6 km	1 min	BERG	GA 2
1	10 km	10 km		AUSFAHREN	GA 1

RADTRAINING

Ähnlich wie beim Schwimmen gestaltet sich gemeinsames Training in der Radgruppe interessanter. Vor allem lange Einheiten sind allein fast nicht zu bewältigen, denn die Moral geht schnell gegen Null und stundenlanges, einsames Dahinradeln kann sehr demotivierend sein. Daher gilt auch hier: Trainingspartner mit ähnlicher Erfahrung und Ambition suchen, um kein allzu großes Leistungsgefälle zu haben, und gemeinschaftlich die Radausfahrten organisieren.

Neben guten technischen Fähigkeiten, dem runden Tritt, braucht man zur Bewältigung langer Distanzen aber auch jede Menge Kraft. Deshalb ist variables Training hier ebenso wichtig, wie beim Schwimmen, weil auf dem Rad die Grundlagen eines Triathlons in punkto Kraft, Tempo und Ausdauer gleichermaßen entwickelt werden können. Mal fährt man kurze Einheiten mit variierendem Tempo am Berg zur Ausprägung der Kraftausdauer, ein anderes Mal verwendet man die lange Ausfahrt im G1-Bereich zur Ausbildung der Grundausdauer.

FARIS' RADTIPPS

Trotz Leistungs- und Pulsmesser sind die meisten Radeinheiten, ob bei Rad- oder Triathlonprofis immer noch relativ unkoordiniert. Man »fährt halt Rad«, und ich bin da keine Ausnahme. Natürlich baue auch ich schnelle Elemente ein und fahre Kraftausdauer am Berg, aber aufgrund des hohen Gesamtumfangs des Trainings leidet oft die Qualität. Voraussetzung für gute Ausdauerergebnisse ist in erster Linie eine solide Grundausdauer und ein optimierter Stoffwechsel, aber gute Unterdistanzleistungen sind unerlässlich. Der Puls bei Grundausdauereinheiten liegt bei mir zwischen 100 und 120.

Die Kraftausdauer hat besondere Bedeutung, da bei niedrigerer Trittfrequenz die Muskulatur stärker, das Herz-Kreislauf-System aber weniger belastet wird und man weniger Kalorien verbraucht. D.h. der Langdistanztriathlet muss viel Kraftausdauer trainieren. Allerdings ist darauf zu achten, dass die Trittfrequenz im normalen Training nicht absinkt, das führt zu Leistungsverlust. Im Training sollte die Trittfrequenz immer über 90 sein.

LAUFTRAINING

Nach dem Radfahren zu laufen, fällt schwer, keine Frage. Gute Triathleten zeichnen sich beim Laufen deshalb durch einen Laufstil aus, der Schnelligkeit und Krafteinsatz kombiniert.

Man muss die entsprechende Körperspannung auch im erschöpften Zustand nach zwei bereits absolvierten Disziplinen aufrecht erhalten können, um einen ruhigen Lauf hinzulegen und nicht einzubrechen. Deshalb sollte das Training von Oberkörper und Bauchmuskeln in Einklang mit dem Lauftraining stattfinden, da diese den Körper beim Lauf stabilisieren.

Die Grundlagen für das Laufen legt man allerdings schon in langen, regelmäßigen Einheiten, in denen der Bewegungsapparat und das Herz-Kreislauf-System parallel trainiert werden. Hier greift wieder die Maffetone-Methode, nach der langes Laufen bei niedriger Intensität einen hohen Entwicklungsfaktor besitzt.

Variationen bietet das Training der dritten Disziplin vor allem dann, wenn Läufe im Flachen und am Berg sich abwechseln. Laufeinheiten auf unterschiedlichen Bodenbelägen wie Asphalt, Waldböden oder weichen, sandigen Wegen lassen unterschiedliche Schwerpunkte setzen, vom Tempotraining bis hin zum Kraftaufbau. Sogar im Urlaub kann man zwischenzeitlich durch Strandläufe oder am Berg mit großem Spaßfaktor Kraftausdauer trainieren.

Organisierte Lauftreffs bieten einen guten Einstieg. Dort zu trainieren setzt allerdings die korrekte Einschätzung des eigenen Laufkönnens voraus. Genau wie beim Radfahren wird hier häufig in verschiedenen Leistungsgruppen gelaufen, innerhalb derer man dann aber auch abwechslungsreich und auf angepasstem Niveau trainieren kann.

Die berühmten »Frühstücksläufe«, bei denen auf nüchternen Magen gelaufen wird, trainieren den Fettstoffwechsel, zerstören aber sehr viel Muskulatur, wenn man wie ich zu den eher schlanken Athleten gehört und nicht viel Muskelmasse hat, die man abbauen möchte.

FARIS' LAUFTIPPS

Ein Großteil meiner Laufeinheiten sind Koppelläufe nach Radausfahrten, die oft nicht länger als 30 bis 50 Minuten dauern. Die Umstellung vom Radfahren aufs Laufen stellt, neben der Belastungszeit, die größte Herausforderung für den Athleten dar. Man muss als Triathlet gar nicht übermäßig viel laufen, weil die Ausdauerfähigkeit hauptsächlich auf dem Rad erworben wird. Auch Tempotraining ist wichtig, am besten mit einer Laufgruppe, da es sehr viel Motivation und Selbstdisziplin braucht, diese harten Einheiten allein durchzuziehen. In der Ironman-Vorbereitung sind lange Läufe mit einer schnellen Einheit gegen Ende am besten. Häufig baue ich ein paar so genannte Lauf-ABC-Übungen ein, wie z. B. Anfersen, Kniehebelauf, Seitgalopp, Ausfallschritte, Sprünge, Treppenlauf und Steigerungen. Das verhindert einen »Schleppschritt« und bricht die Bewegungsmonotonie auf.

FAHRTSPIELE FÜR DAS LAUFTRAINING

UMFANG 11 600 m

WIEDERHOLUNGEN	INTERVALL	STRECKE	PAUSE	BESCHREIBUNG	BEREICH (SIEHE S. 97)
1	3000 m	3000 m		EINLAUFEN	GA 1
4	200 m	800 m	1 min	HOHES TEMPO	EB
2	2000 m	4000 m	1 min	TEMPO	GA 2
4	200 m	800 m	1 min	HOHES TEMPO	EB
1	3000 m	3000 m		AUSLAUFEN	GA 1

UMFANG 15 200 m

WIEDERHOLUNGEN	INTERVALL	STRECKE	PAUSE	BESCHREIBUNG	BEREICH (SIEHE S. 97)
1	3000 m	3000 m		EINLAUFEN	GA1
4	100 m	400 m	1 min	HÜGELSPRINTS	EB
4	2000 m	8000 m	1 min	TEMPO	GA 2
4	200 m	800 m	1 min	HOHES TEMPO	EB
1	3000 m	3000 m		AUSLAUFEN	GA 1

FARIS' TRAININGSKONZEPT

TRAINER? – WELCHER TRAINER?

Ich habe bewusst keinen Trainer. Ich will die Verantwortung nicht abgeben und brauche auch keine Autorität, die mir sagt, dass ich drei Stunden Radfahren trainieren muss. Andererseits genieße ich auch den Ruhm für mich alleine. Natürlich holt ein guter Trainer noch mehr aus einem heraus. Aber im Rennen ist man dann alleine gefordert. Ich hole mir schon sehr viel Input und Information von außen. Auf Basis dessen versuche ich mir dann, mein Konzept zu basteln. Wenn mir etwas durch einen Trainingsplan vorgegeben wird, wonach mir nicht der Sinn steht, dann kann ich das nicht trainieren. Ich denke natürlich ständig darüber nach, wie ich mein Training verbessern kann. Auch jetzt. Dass ich mein Training umstellen will, hat mehrere Gründe. Zum einen habe ich in dieser Hinsicht schlechte Vorbilder, die ihren Körper vernichtet haben. Man kann seinem Körper durchaus sehr viel abverlangen, sei es im Wettkampf oder im Training. Aber irgendwann ist Schluss. Das hält der härteste Körper auf Dauer nicht aus.

Wenn man eine lange Karriere haben will, braucht man eine lange Winterpause, und man darf nicht zu viele Wettkämpfe machen. Dass sich mein Körper verändert hat, habe ich an Kleinigkeiten gemerkt. Beispielsweise wurde ich trotz Training und ausreichender Pausen im Schwimmen nicht schneller. Der Körper verändert sich ja mit dem Training, er wird immer ausdauernder. Man verliert immer mehr Unterhautfett, der Bewegungsapparat verknöchert immer mehr. Dem muss man Rechnung tragen und eine Trainingsumstellung herbeiführen. Das bedeutet für mich, dass ich Schnelligkeit trainieren muss, um dann wieder eine gute Ausdauerleistung bringen zu können. Das Konzept, das ich jetzt habe, werde ich sicherlich noch abändern müssen, aber ich suche jetzt einfach einen neuen Weg.

Wenn mein Konzept nicht aufgeht, ist mein Körper trotzdem binnen zehn Wochen fit genug, um einen guten Wettkampf zu machen. Der entscheidende Faktor ist aber, dass ich etwas anderes versuchen möchte. Das tut auch dem Kopf gut.

A DAY IN THE LIFE ...

Meine Trainingstage sehen sehr unterschiedlich aus, je nachdem in welcher Phase ich mich befinde. Im Traininglager in den Vereinigten Arabischen Emiraten sind die Tage relativ gleichförmig – Aufstehen um 6.30 Uhr, Essen, um 7.30 Uhr aufs Rad, drei bis fünf Stunden Radfahren, dann etwa eine Stunde Laufen, Essen, lange Mittagspause, Schwimmen und/oder Krafttraining, Essen, Schlafen. Da gibt es nichts anderes außer Training.

Ein normaler Tag zuhause während der Winterpause beginnt am Computer mit organisatorischen Dingen. Dann laufe ich meistens eine kleine Runde. Gegen Abend gehe ich Schwimmen oder noch mal Laufen und mache etwas Krafttraining. Tage, an denen ich gar nichts mache, gibt es ganz selten.

Motivationsprobleme habe ich zum Glück äußerst selten. Triathleten im Allgemeinen haben selten Motivationsprobleme. Sonst würden sie auch nicht das machen, was sie machen. Bei Triathleten besteht eher das Problem, dass sie zu pflichtbewusst sind und oft zu viel trainieren. Was ich allerdings nicht so gern habe, ist, wenn die Intensität hochgeht. Lockeres langes Radfahren finden alle Triathleten super. Aber wenn es dann heißt, dreimal fünf Kilometer bergauf, wird es unangenehm. Für diese Grenze, an der es unangenehm wird oder weh tut, muss man sich schon immer wieder neu motivieren.

ERGÄNZENDES TRAINING

Ich gehöre bestimmt zu den Triathleten, die sehr viel Krafttraining absolvieren. Ich mache schon seit vielen Jahren ein klassisches (Muskelzuwachs-)Krafttraining mit drei Sätzen à 8 bis 15 Wiederholungen.

Eine von mir verfolgte Theorie besagt, dass der Muskel gegen Ende eines jeden Satzes alle Muskelfasern des jeweiligen Muskels einsetzen muss, um die Last zu bewegen, während bei Ausdauerleistungen nur einige Muskelfasern benutzt werden. Die im Krafttraining angeregten Muskelfasern sollen dann in einem unmittelbar darauf folgenden Ausdauertraining für eine Ausdauerleistung »angelernt« werden. Hinzuzufügen ist, dass ich das ganze Jahr über Krafttraining für Rumpf und Oberkörper mache. Im Sommer natürlich weniger als im Winter. Für die Beine mache ich fast nur im Winter Krafttraining, da für sie die Gesamtbelastung im Sommer gewaltig ist.

Die Angst mancher Ausdauersportler, durch Krafttraining viel Muskelmasse aufzubauen, ist – außer bei genetisch sehr bevorzugten Menschen – unbegründet, da die vielen Ausdauerreize die Muskulatur am Wachstum hindern.

Kraftausdauertraining mit Gewichten hat mich meist so vollständig überlastet, dass ich Kraftausdauer inzwischen nur noch innerhalb der Sportart trainiere, das heißt Schwimmen mit Paddles und Radfahren mit schweren Gängen und niedriger Trittfrequenz.

Dehnen wird oft überschätzt und noch öfter vernachlässigt. Aus eigener Erfahrung kann ich nur sagen, dass Dehnen ein wichtiger Bestandteil des Trainings ist, der die Beweglichkeit erhält, beweglicher wird man allerdings nicht. Dazu ist meist eine Kräftigung des Gegenspielermuskels erforderlich.

Dehnen reduziert aber auch die Muskelspannung, weshalb man vor einem Wettkampf nie intensiv dehnen sollte. 2002 habe ich es beim IM Brasilien bitter bereut, mich eine Woche lang intensiv gedehnt zu haben – die Kraftentfaltung auf dem Rad war völlig weg.

TRAININGSPLANUNG

Das Erreichen sportlicher Ziele setzt einen effektiven, individuell angemessenen Trainingsplan voraus, der über einen längeren Zeitraum kontinuierlich durchgehalten werden muss. Angebote von Trainingsplänen findet man reichlich. Fraglich ist, ob sie den individuellen Anforderungen entsprechen. Diese müssen jedoch auch realistisch und dem Wettkampf angepasst sein, egal, ob nun der Volkstriathlon oder der Ironman das Ziel ist.

Athlet im Frühjahrstraining auf Mallorca.

Es nützt gar nichts, sich einem Programm zu unterwerfen, das weder den persönlichen noch den beruflichen Bedürfnissen gerecht wird.
Dennoch braucht Training System. Realistisches und auf lange Sicht erfolgversprechendes Ziel sollte immer sein, sich auf dem Weg zum nächsten Wettkampf langsam aber kontinuierlich zu steigern. Um nicht in starre Trainingsmuster zu verfallen, die nach gewisser Zeit häufig Antriebslosigkeit, Trainingsabbrüche und folglich Trainingsrückstand mit sich bringen, eignet sich ein flexibles Schema am besten, in dem die Einheiten auf die Woche verteilt werden. Dabei sind persönliche und berufliche Termine zu berücksichtigen. Man verbindet diese, wenn möglich, mit dem Training und stellt so sicher, dass alle drei Sportarten über einen Zeitraum von mehreren Wochen und Monaten gleichermaßen trainiert werden.

GESUNDHEITSCHECK ALS BASIS EINES TRAININGSPLANS

In jedem Fall sollte dem Erstellen eines individuellen Trainingsplans ein Besuch beim Arzt vorangehen, um den Plan auf die Ergebnisse des Gesundheitschecks abstimmen zu können. So lassen sich auch latente gesundheitliche Beeinträchtigungen ausschließen oder im Vorfeld des Trainings sorgfältig behandeln.
Immer steht die Prüfung der physischen Gesundheit an erster Stelle. Setzt man sich über körperliche Beeinträchtigungen hinweg und absolviert ein volles Trainingsprogramm trotz Verletzung oder Krankheit, so kann man sicher sein, dass sich der Heilungsprozess erheblich verzögern wird und bestehende Beschwerden wahrscheinlich sogar noch verschlimmert werden. Es ist daher dringend empfehlenswert, erst nach vollständigem Abschluss des Heilungsprozesses wieder langsam mit dem Training zu beginnen.

FAHRPLAN FÜR TRIATHLETEN DURCH DIE SAISON

Die Vorbereitung auf die Wettkampfsaison beginnt für einen Triathleten schon im letzten Quartal des Vorjahres. Dies erscheint vielleicht gerade dem Triathlon-Neuling verfrüht, denn die dazu notwendige Motivation ist zu diesem Zeitpunkt eventuell noch nicht hinreichend vorhanden. Spätestens im Wettkampf wird sich jedoch der frühe Einstieg in die Vorbereitungsphase auszahlen.

Mit individuell angepassten Trainingsprogrammen lassen sich solide Grundlagen für Ausdauer und Kraft schaffen. Berufliches, Privates und Sportliches müssen dabei gleichrangig nebeneinander realisierbar bleiben. Die Intensität nimmt mit den Monaten stetig zu, man darf jedoch keine verfrühten Trainingsreize setzen, die womöglich im Übertraining enden. Auf diese Weise sollte man auf dem Zenit seiner Leistungsfähigkeit den persönlich wichtigsten Wettkampf bestreiten können.

PRAXIS NOVEMBER

Um sich an den Trainingsrhythmus zu gewöhnen und den Körper für die bevorstehenden, konstant wachsenden Ansprüche zu konditionieren, beginnt man auf relativ niedrigem Leistungsniveau zu trainieren. Intensität und Umfang sind jetzt noch nicht ausschlaggebend. Den Einstieg in die Vorbereitung bildet verstärkt das technische Training der einzelnen Disziplinen. Vor allem die erkennbar schwächste Disziplin lässt sich in einer frühen Phase durch gezielte Übungen der technischen Abläufe optimieren und schafft eine deutlich verbesserte Ausgangsposition für das Ausdauertraining der folgenden Wochen und Monate.

Muskeln, Bänder und Sehnen müssen von Beginn an durch geeignetes Dehnen und gymnastische Übungen an die sportlichen Belastungen gewöhnt werden. So wird die Gefahr von Verletzungen des Bewegungsapparates minimiert, dessen Funktion gestärkt und die Leistungsfähigkeit gesteigert.

Effizientes Training setzt also gewisse Grundlagen voraus. Auch die Ernährung spielt bei der Wettkampfvorbereitung eine wichtige Rolle. Sie sollte dem erhöhten Kalorien-, Vitamin- und Mineralstoffverbrauch in der Trainingszeit angemessen sein. Insbesondere der Fett-, Zucker und Alkoholkonsum müssen genau beobachtet und gegebenenfalls eingeschränkt werden, sonst stagnieren die Trainingseffekte.

PRAXIS DEZEMBER

In diesem Monat liegen die Trainingsschwerpunkte vorrangig in der Förderung von Grundausdauer und Technik. Prinzipiell ergeben sich keine grundlegenden Änderungen des Trainings im Vergleich zum Vormonat. Mit zunehmender Vorbereitungsdauer ergänzt ausgeprägtes Krafttraining nach Möglichkeit den bisherigen Umfang. Zudem kann man insbesondere die Intensität der Laufeinheiten langsam steigern.

PRAXIS JANUAR

Wie auch in den vergangenen Wochen wird der Fokus auf die Bildung und Stabilisierung der Grundlagen und der Technik gerichtet. Im Schwimmen und Laufen erreicht man bereits ausgedehnte Trainingsumfänge, deren Intensität dennoch auf relativ niedrigem Niveau liegt. Beim Radtraining sind in den Wintermonaten die Witterungsverhältnisse zu beachten, um die eigene Gesundheit nicht zu gefährden. Es kann notwendig werden, temporär auf einen Hometrainer oder auf Training mit der Radrolle umzusteigen.

PRAXIS FEBRUAR

Nach mehreren Wochen Basistraining erreicht man mit speziellem Triathlontraining im Frühjahr das Optimum der aeroben Fähigkeiten, und Kraftausdauer bildet einen neuen Schwerpunkt. Gegenstand der Übungen ist ein verstärkt auf die Anforderungen des Triathlon ausgerichtetes Programm. Die Ausarbeitung der Technik fließt zwar noch in das Training mit ein, wird aber lediglich punktuell vertieft. Die Schwimm- und Laufeinheiten sind in dieser Phase der Wettkampfvorbereitung am umfangreichsten.

PRAXIS MÄRZ

Das Radtraining wird bei steigenden Außentemperaturen nun wesentlicher Bestandteil. Die Schwimm- und Laufumfänge treten ein wenig in den Hintergrund, werden nicht mehr progressiv gesteigert, sondern stabilisiert. Die Grundausdauer für das Radfahren wird in den ersten Trainingseinheiten gezielt trainiert, um eine entsprechende Basis für das Krafttraining zu schaffen. Wenn es sich zeitlich einrichten lässt, empfiehlt sich das Training im obligatorischen Trainingslager. Dafür wiederum verschaffen eine intensive Trainingswoche mit einer sich anschließenden Woche zur Regeneration und Superkompensation eine gute Ausgangsposition. Erste Einheiten im Kombinationstraining geben Aufschluss über den derzeitigen Leistungsstand.

PRAXIS APRIL

Nach überstandenem Trainingslager und der verdienten Regeneration geben Veranstaltungen im Laufen oder Duathlon einen ersten Vorgeschmack auf die Triathlonwettkämpfe. Für das Training gilt, die Grundausdauer für das Radfahren, insbesondere das spezifische Kraftausdauertraining, weiter zu optimieren. Denn dies bildet die Basis für lockeres Kombinationstraining. Auf diese Weise werden Grundlagen für intensivere Einheiten der folgenden Wochen geschaffen.

PRAXIS MAI

Die letzten Trainingswochen vor der Wettkampfsaison werden dazu genutzt, den Körper auf lang andauernde hohe Belastung vorzubereiten. Angemessene Erholungsphasen sollten dabei keinesfalls zu kurz kommen. Intensität und Umfang der Einheiten des Kombinationstrainings von Radfahren und Laufen werden weiter gesteigert. Im Training werden Leistungslevel bis zur Wettkampfausdauer (WA) erreicht.

PRAXIS JUNI

In der Wettkampfphase trainiert man nicht mehr, um einen Leistungszuwachs zu erreichen. Die Aufmerksamkeit richtet sich nun vermehrt primär auf das Sammeln und Erhalten von Kräften, sowie auf den Aufbau eines möglichst großen Potenzials, das am Wettkampftag optimalerweise einen punktgenauen Abruf der sportlichen Bestleistung ermöglicht.

Mehrere kleine Wettkampfveranstaltungen können in dieser unmittelbaren Wettkampfvorbereitung, genannt Tapering (Zuspitzung), die sportliche Form bis zum persönlichen Saisonhöhepunkt steigern und konservieren. Diese intensiven Trainingsanreize motivieren. Körperliche und geistige Erholung darf aber nicht zu kurz kommen, denn Ruhe ist als Erfolgsfaktor nicht zu unterschätzen. Zu Ruhe und Gelassenheit kommt man durch eine konzentrierte langfristige Vorbereitung. Damit schafft man auch die Voraussetzungen für eine realistische Einschätzung der persönlichen Chancen. Mit dem nötigen Respekt – nicht mit Angst! – vor der Strecke und mit der richtigen Einschätzung der persönlichen Leistungsfähigkeit wird man so in jedem Fall das Ziel erreichen.

TRAININGSPLÄNE

Der folgende Trainingsplan beinhaltet für Einsteiger über die Volksdistanz oder Kurzstrecke vor allem kurze, intensive Einheiten und hat zum Wettkampf hin ein klassisches Tapering (siehe links). Wer wenig Zeit hat kann die Radausfahrten noch ein bisschen kürzen und wird beim Volkstriathlon dennoch ein Held sein!

Beim Trainingsplan für die Olympische und Mitteldistanz (ab S. 119) werden die Einheiten länger und

intensiver. Der Plan eigent sich für Anfänger mit Volkstriathlon-Erfahrung und für Fortgeschrittene, ist zeitlich knapp gehalten und setzt nicht auf Volumen, sondern auf Qualität. Für das Lauftraining ist die Kenntnis des individuellen MAS-Tempos (Maximum Aerobic Speed) notwendig – das maximale Tempo, das Anfänger über 1 200 Meter und Fortgeschrittene über 1 600 Meter laufen können.

Absolute Konzentration ist gefragt beim Öffnen des Neoprenanzugs während des ersten Wechsels.

TRAININGSPLAN FÜR EINSTEIGER ÜBER DIE VOLKS- UND KURZDISTANZ

COUNTDOWN IN TAGEN		TAG	SPORTART	DAUER	BESCHREIBUNG/BEREICH
-83	WOCHE 1	MO			TRAININGSFREI
-82		DI	SWIM	0:30 h	8 X 25 m KRAUL (GA 1)
-81		MI	RUN	0:30 h	DAUERLAUF, EVENTUELL MIT GEHPAUSEN
-80		DO	SWIM	0:45 h	12 X 25 m KRAUL (GA 1)
-79		FR	RUN	0:45 h	DAUERLAUF, EVENTUELL MIT GEHPAUSEN
-78		SA	BIKE	1:30 h	ZÜGIGES RADFAHREN (GA 2)
-77		SO	BIKE	1:00 h	SEHR LANGSAMES SPAZIERENFAHREN (KB)
-76	WOCHE 2	MO			TRAININGSFREI
-75		DI	SWIM	0:50 h	8 X 50 m KRAUL, WENDE ÜBEN
-74		MI	RUN	0:40 h	DAUERLAUF, 8 X 30 sek SCHNELL (SPRINTTEMPO HALTEN)
-73		DO	SWIM	0:50 h	10 X 50 m KRAUL (GA 1)
-72		FR	RUN	0:50 h	DAUERLAUF (GA 1)
-71		SA	BIKE	1:00 h	NACH WARMUP: 5 X 1 min SO SCHNELL WIE MÖGLICH
-70		SO	BIKE	1:30 h	LOCKERES RADFAHREN (GA 1)
-69	WOCHE 3	MO			TRAININGSFREI
-68		DI	SWIM	0:45 h	6 X 75 m KRAUL (GA 1)
-67		MI	RUN	0:30 h	LOCKERER LAUF, LAUF-ABC
-66		DO	SWIM	0:45 h	8 X 75 m KRAUL (GA 1)
-65		FR			TRAININGSFREI
-64		SA	BIKE	1:30 h	LOCKERES RADFAHREN (GA 1)
-63		SO	BIKE	2:00 h	LOCKERES RADFAHREN (GA 1)
-62	WOCHE 4	MO			TRAININGSFREI
-61		DI	SWIM	0:45 h	6 X 50 m KRAUL, HÖHERES TEMPO (GA 2)
-60		MI	RUN	1:00 h	NACH WARMUP: 4 X 1000 m SO SCHNELL WIE MÖGLICH (EB)
-59		DO	SWIM	1:00 h	MÖGLICHST LANGE AM STÜCK KRAULEN, LANGSAM (KB)
-58		FR	RUN	0:30 h	NACH WARMUP: 4 X 200 m SCHNELL (ABER KEIN SPRINT) (EB)
-57		SA	BIKE	2:00 h	NACH 30 min WARMUP 4 X 2 min SO SCHNELL WIE MÖGLICH (WA)
-56		SO	BIKE	1:00 h	SEHR LANGSAMES SPAZIERENFAHREN (KB)

COUNTDOWN IN TAGEN		TAG	SPORTART	DAUER	BESCHREIBUNG/BEREICH
-55	WOCHE 5	MO			TRAININGSFREI
-54		DI	SWIM	0:45 h	6 X 100 m KRAUL (GA 1)
-53		MI	RUN	0:45 h	2 X 5 min HOHES, ABER NICHT MAXIMALES TEMPO (EB)
-52		DO	SWIM	1:00 h	MÖGLICHST LANGE AM STÜCK KRAULEN (KB BIS GA 1)
-51		FR	RUN	0:30 h	2 X 5 min HOHES, ABER NICHT MAXIMALES TEMPO (EB)
-50		SA	BIKE	1:30 h	LETZTEN 20 min ZÜGIGES TEMPO (GA 2)
-49		SO	BIKE	2:00 h	LOCKERES RADFAHREN (GA 1)
-48	WOCHE 6	MO			TRAININGSFREI
-47		DI	SWIM	1:00 h	1 X 400 m KRAUL AM STÜCK (GA 1)
-46		MI	RUN	0:45 h	1 X 10 min ETWAS FLOTTERES TEMPO (GA 2)
-45		DO	SWIM	1:00 h	1 X 500 m KRAUL AM STÜCK (GA 2)
-44		FR	RUN	0:30 h	LOCKERER LAUF (GA 1) MIT DREI KURZEN SPRINTS (WA)
-43		SA	BIKE	1:30 h	NACH 30 min WARMUP: 5 X 1 min SO SCHNELL WIE MÖGLICH (WA)
-42		SO	BIKE	2:00 h	LOCKERES RADFAHREN (GA 1)
-41	WOCHE 7	MO			TRAININGSFREI
-40		DI	SWIM	1:00 h	8 X 25 m SCHNELLES KRAULEN (EB), 1 X 500 m AM STÜCK (GA 2)
-39		MI	RUN	0:45 h	NACH WARMUP: 4 X 1000 m SO SCHNELL WIE MÖGLICH (WA)
-38		DO	SWIM	1:00 h	4 X 100 m SCHNELLES KRAULEN (EB)
-37		FR	RUN	0:30 h	4 X 400 m MAXIMALES TEMPO (WA)
-36		SA	BIKE	1:30 h	LOCKERES RADFAHREN (GA 1)
-35		SO	BIKE	1:00 h	2 X 8 min HOHES, ABER NICHT MAXIMALES TEMPO (EB)
-34	WOCHE 8	MO			TRAININGSFREI
-33		DI	SWIM	1:00 h	1 X 500 m KRAUL AM STÜCK (GA 1), 5 X 100 m TEMPO (GA 2)
-32		MI	RUN	0:45 h	2 X 5 min HOHES TEMPO, ABER NICHT MAXIMALES TEMPO (EB)
-31		DO	SWIM	1:00 h	MÖGLICHST LANGE AM STÜCK KRAULEN (GA 1)
-30		FR	RUN	1:00 h	1 X 20 min ETWAS FLOTTERES TEMPO (GA 2)
-29		SA	RUN	1:30 h	1 X 20 min ETWAS FLOTTERES TEMPO (GA 2)
-28		SO	BIKE	3:00 h	LOCKERES RADFAHREN (GA 1)

Trainingsbereiche (KB, GA 1, GA 2, EB und WA) siehe S. 97

COUNTDOWN IN TAGEN		TAG	SPORTART	DAUER	BESCHREIBUNG/BEREICH
-27	WOCHE 9	MO			TRAININGSFREI
-26		DI	SWIM	1:00 h	1 X 600 METER KRAUL AM STÜCK (GA 2), 5 X 100 m TEMPO (EB)
-25		MI	RUN	1:15 h	1 X 10 min HOHES TEMPO (EB), TIEFE ATMUNG
-24		DO	SWIM	1:00 h	MÖGLICHST LANGE AM STÜCK KRAULEN (GA 1)
-23		FR	RUN	1:00 h	20 min ZÜGIGES TEMPO (GA 2) GEFOLGT VON 5 min HOHEM TEMPO (EB)
-22		SA	BIKE	1:30 h	2 X 10 min HOHES TEMPO (EB), TIEFE ATMUNG
-21		SO	BIKE	2:00 h	LOCKERES RADFAHREN (GA 1), LETZTEN 30 min ZÜGIG (GA 2)
-20	WOCHE 10	MO			TRAININGSFREI
-19		DI	SWIM	0:30 h	LOCKER SCHWIMMEN (KB BIS GA 1)
-18		MI	RUN	0:30 h	LOCKER LAUFEN (KB BIS GA 1)
-17		DO			TRAININGSFREI
-16		FR			TRAININGSFREI
-15		SA	RUN	0:30 h	4 X 400 m MAXIMALES TEMPO (WA)
-14		SO	BIKE	1:15 h	3 X 10 min HOHES TEMPO (EB), TIEFE ATMUNG
-13	WOCHE 11	MO			TRAININGSFREI
-12		DI	SWIM	1:00 h	6 X 50 m SCHNELLES KRAULEN (GA 2)
-11		MI	RUN	0:30 h	4 X 400 m MAXIMALES TEMPO (WA)
-10		DO	SWIM	1:15 h	1 X 700 m KRAUL AM STÜCK (GA 1), 5 X 100 m TEMPO (EB)
-9		FR	RUN	0:30 h	5 X 4 min HOHES TEMPO, ABER NICHT MAXIMAL (EB)
-8		SA			TRAININGSFREI
-7		SO	BIKE	2:00 h	NACH WARMUP 3 X 2 min SCHNELL (GA 2), SONST LOCKER (GA 1)
-6	WOCHE 12	MO			TRAININGSFREI
-5		DI	SWIM	0:30 h	4 X 25 m SCHNELLES KRAULEN (GA 2)
-4		MI			TRAININGSFREI
-3		DO	RUN	0:30 h	3 X 1 min HOHES, ABER NICHT MAXIMALES TEMPO (EB)
-2		FR			TRAININGSFREI
-1		SA	BIKE	0:30 h	3 X 1 min HOHES, ABER NICHT MAXIMALES TEMPO (EB)
0		SO			WETTKAMPF

TRAININGSPLAN FÜR FORTGESCHRITTENE ÜBER DIE OLYMPISCHE UND MITTEL-DISTANZ

COUNTDOWN IN TAGEN		TAG	SPORTART	DAUER	BESCHREIBUNG/BEREICH
-83	WOCHE 1	MO			TRAININGSFREI
-82		DI	SWIM	0:45 h	LOCKERES SCHWIMMEN
-81		MI	RUN	0:30 h	NACH 20 min WARMUP 10 min TEMPO (GA 2)
-80		DO	SWIM	1:00 h	1 X 400 m UND 9 X 100 m TEMPO (GA2)
-79		FR	RUN	0:30 h	NACH 20 min WARMUP 10 min TEMPO (GA 2)
-78		SA	BIKE	2:00 h	LOCKERE AUSDAUERFAHRT (KB BIS GA 1)
-77		SO	BIKE	2:30 h	LOCKERE AUSDAUERFAHRT (KB BIS GA 1)
-76	WOCHE 2	MO			TRAININGSFREI
-75		DI	SWIM	1:00 h	4 X 4 X 25 m MAX. TEMPO, 2 X 300 m TEMPO (GA 2)
-74		MI	RUN	1:00 h	WARMUP, LAUF-ABC, 6 X 400 m MIT MAS-TEMPO; LEISTUNGSTEST
-73		DO	SWIM	1:15 h	AUSDAUER NACH DER DAUERMETHODE (GA 1)
-72		FR	RUN	0:30 h	NACH WARMUP: 4 X 300 m MIT MAS-TEMPO
-71		SA	BIKE	2:30 h	NACH WARMUP: 3 X 2 min MAX. TEMPO UND HOHE FREQUENZ (WA)
-70		SO	BIKE	1:00 h	SEHR LANGSAMES SPAZIERENFAHREN (KB)
-69	WOCHE 3	MO			TRAININGSFREI
-68		DI	SWIM	1:00 h	AUSDAUER NACH DER DAUERMETHODE (GA 1)
-67		MI	RUN	0:45 h	NACH WARMUP UND LAUF-ABC: 2 X 5 min HOHES TEMPO (EB)
-66		DO	SWIM	1:15 h	AUSDAUER NACH DER DAUERMETHODE (GA 1)
-65		FR	RUN	1:20 h	AUSDAUER NACH DER DAUERMETHODE (GA 1)
-64		SA	BIKE	1:30 h	3 X 5 min HOHES TEMPO (EB) UND HOHE FREQUENZ
-63		SO	BIKE	2:30 h	3 X 6 min KRAFTORIENTIERT MIT 50 U/min (GA 2)
-62	WOCHE 4	MO			TRAININGSFREI
-61		DI	SWIM	1:00 h	1 X 400 m (GA 1) UND 9 X 100 m TEMPO (GA 2)
-60		MI	RUN	0:45 h	NACH 20 min WARMUP 10 min TEMPO UND 5 min HOHES TEMPO (EB)
-59		DO	SWIM	1:15 h	4 X 100 m, 8 X 100 m, 2 X 4 X 100 m TEMPO MIT JEWEILS 1 min PAUSE (GA 2)
-58		FR	RUN	0:30 h	LOCKER LAUFEN (GA 1)
-57		SA	BIKE	1:30 h	LOCKERE AUSDAUERFAHRT (KB BIS GA 1)
-56		SO	BIKE	2:00 h	LOCKERE AUSDAUERFAHRT (KB BIS GA 1)

Trainingsbereiche (KB, GA 1, GA 2, EB und WA) siehe S. 97

TRAININGSPLAN FÜR FORTGESCHRITTENE ÜBER DIE OLYMPISCHE UND MITTEL-DISTANZ

COUNTDOWN IN TAGEN		TAG	SPORTART	DAUER	BESCHREIBUNG/BEREICH
-55	WOCHE 5	MO			TRAININGSFREI
-54		DI	SWIM	1:15	4 X 150 m MAXIMALES TEMPO (WA), 6 X 100 m UND 3 X 200 m TEMPO (GA 2)
-53		MI	RUN	2:00	20 min WARMUP UND LAUF-ABC, 6 X 400 m MIT MAS-TEMPO
-52		DO	SWIM	1:00	SEHR LANGSAMES, REGENERATIVES SCHWIMMEN (KB)
-51		FR	RUN	0:45	NACH 20 min WARMUP: 4 X 1000 min MAS-SPEED
-50		SA	BIKE	1:00	SEHR LANGSAMES SPAZIERENFAHREN (KB)
-49		SO	BIKE	2:00	3 X 6 min KRAFTORIENTIERT MIT 50 U/min (GA 2)
-48	WOCHE 6	MO			TRAININGSFREI
-47		DI	SWIM	1:15	10 X 25 m MAXIMALES TEMPO (WA), 10 X 50 m TEMPO (GA 2)
-46		MI	RUN	1:00	2 X 10 min HOHES TEMPO (EB), LAUF-ABC
-45		DO	SWIM	1:30	AUSDAUER NACH DER DAUERMETHODE (GA 1)
-44		FR	RUN	0:45	2 X 5 min HOHES TEMPO (EB)
-43		SA	BIKE/RUN	1:45	LETZTEN 30 min TEMPO (GA 2) + 20 min KOPPELLAUF (GA 2)
-42		SO	BIKE	2:10	3 X 6 min KRAFTORIENTIERT MIT 50 U/min (GA 2)
-41	WOCHE 7	MO			TRAININGSFREI
-40		DI	SWIM	1:00	1 X 400 m (GA 1), 9 X 100 m TEMPO (GA 2)
-39		MI	RUN	1:00	20 min WARMUP UND LAUF-ABC, 8 X 200 m MIT MAS-TEMPO
-38		DO	SWIM	1:00	1 X 400 m (GA 1), 9 X 100 m TEMPO (GA 2)
-37		FR	RUN	1:00	1 X 45 min TEMPO (GA 2)
-36		SA	BIKE	1:30	LOCKERE AUSDAUERFAHRT (GA 1)
-35		SO	BIKE	2:30	4 X 6 min KRAFTORIENTIERT MIT 50 U/min (GA 2)
-34	WOCHE 8	MO			TRAININGSFREI
-33		DI	SWIM	1:15	4 X 150 m MAXIMALES TEMPO, 6 X 100 m, 3 X 200 m, 1 X 600 m TEMPO (GA 2)
-32		MI	RUN	1:00	NACH WARMUP UND LAUF-ABC: 6 X 400 m MIT MAS-TEMPO
-31		DO	SWIM	1:15	AUSDAUER NACH DER DAUERMETHODE (GA1)
-30		FR	RUN	1:45	NACH WARMUP UND LAUF-ABC: 4 X 1000 m MIT MAS-TEMPO
-29		SA	BIKE	1:00	SEHR LANGSAMES SPAZIERENFAHREN (KB)
-28		SO	BIKE	3:00	LANGE AUSDAUERFAHRT (GA 1)

COUNTDOWN IN TAGEN		TAG	SPORTART	DAUER	BESCHREIBUNG/BEREICH
-27	WOCHE 9	MO			TRAININGSFREI
-26		DI	RUN	0:50 h	I X 15 min HOHES TEMPO (EB)
-25		MI	RUN	1:45 h	LANGER LAUF, LETZTEN 30 min TEMPO (GA 2)
-24		DO	SWIM	2:00 h	I X 500 m, 5 X 100 m HOHES TEMPO (EB), 4 X 150 m TEMPO (GA 2)
-23		FR	RUN	1:00 h	AUSDAUER NACH DER DAUERMETHODE (GA 1)
-22		SA	BIKE	2:30 h	LETZTEN 30 min TEMPO (GA 2) UND 20 min KOPPELLAUF (GA 2)
-21		SO	BIKE	4:00 h	LANGE AUSDAUERFAHRT (GA 1)
-20	WOCHE 10	MO			TRAININGSFREI
-19		DI			TRAININGSFREI
-18		MI			TRAININGSFREI
-17		DO	SWIM	1:30 h	I X 1500 m HOHES TEMPO (EB), 4 X 150 m, 4 X 75 m, 3 X 100 m TEMPO (GA 2)
-16		FR	RUN	0:45 h	NACH WARMUP UND LAUF-ABC: 6 X 400 m MIT MAS-TEMPO
-15		SA	BIKE	1:30 h	3 X 10 min HOHES TEMPO (EB)
-14		SO	BIKE/RUN	3:00 h	LETZTEN 30 min TEMPO (GA 2) UND 20 min KOPPELLAUF (GA 2)
-13	WOCHE 11	MO			TRAININGSFREI
-12		DI	SWIM	1:00 h	AUSDAUER NACH DER DAUERMETHODE (GA 1)
-11		MI	RUN	0:45 h	NACH WARMUP UND LAUF-ABC: 6 X 400 m MIT MAS-TEMPO
-10		DO	SWIM	0:30 h	AUSDAUER NACH DER DAUERMETHODE (GA 1)
-9		FR			TRAININGSFREI
-8		SA	RUN	0:45 h	I X 10 min HOHES TEMPO (EB)
-7		SO	BIKE/RUN	2:00 h	LETZTEN 20 min TEMPO (GA 2) UND 20 min KOPPELLAUF (GA 2)
-6	WOCHE 12	MO			TRAININGSFREI
-5		DI	RUN	0:45 h	NACH WARMUP UND LAUF-ABC: 2 X 1 min MIT MAS-TEMPO
-4		MI	BIKE	1:30 h	3 X 1 min HOHES TEMPO (EB)
-3		DO	SWIM	0:30 h	8 X 25 min HOHES TEMPO (EB)
-2		FR			TRAININGSFREI
-1		SA	RUN	0:30 h	LAUF-ABC, 2 X 30 sek MIT 90% MAS-TEMPO
0		SO			WETTKAMPF

Trainingsbereiche (KB, GA 1, GA 2, EB und WA) siehe S. 97

FARIS' SCHLÜSSEL-TRAININGSEINHEITEN

SCHWIMMEN

1. »DER KLASSIKER«

500 m Einschwimmen
10 x 50 m Atemmangel
15 x 100 m Kraul, relativ harte Abgangszeit
300 m Ausschwimmen

2. SIBBERSENPROGRAMM

500 m Einschwimmen
3–6 x 400 m Kraul GA 2
1 Minute Pause
50 m Kraul, volles Tempo schwimmen
50 m Kraul, locker schwimmen
200 m Ausschwimmen

3. 5 000-METER-TEST ODER WETTKAMPF

2–5 x im Jahr im Becken oder
bei den Freiwasserwettkämpfen

RADFAHREN

1. LANGE AUSFAHRT

180 km + x schafft die Grundlagen für
eine 8-Stunden-Belastung

2. KRAFTAUSDAUERSCHULUNG

Essenziell, damit man 180 Kilometer in einem vernünftigen Gang durchdrücken kann, ohne die Muskulatur vorzeitig zu zerstören. Am besten in den Bergen. Wenn man keine Berge hat im Gegenwind. Der Triathlet Olaf Sabatschus fährt einfach einmal pro Woche im dicksten Gang über alle Hügel, Gegenwind etc. Er beginnt im Frühjahr mit 3 x 5 Minuten und steigert das kontinuierlich auf 2 Stunden durchfahren. Sehr praktikabel, da geländeunabhängig. Die Trittfrequenz sollte um 50 herum liegen, der Puls keinesfalls über der Aerob-anaerob-Schwelle.

3. INTERVALLE

Der unangenehmste Teil. Echte Leistungssteigerungen lassen sich, ab einem gewissen Niveau zumindest, nur noch über Intensitätssteigerungen erzielen. Im Training ist es äußerst schwer, sozusagen auf Kommando in diesen Bereich vorzustoßen. Mentale und physische Ausgeruhtheit sind dafür Voraussetzung. Es gibt unterschiedliche Verfahrensweisen, die ich ausprobiert habe.

A) MOTORTRAINING

Man fährt hinter einem Auto oder Moped; durch den niedrigen Luftwiderstand in dessen Windschatten sind die Geschwindigkeiten sehr hoch, die Trittfrequenzen auch, und die Motorik wird trainiert.

3 x 10 Minuten bis 2 x 1 Stunde – der Puls sollte an oder über der Aerob-anaerob-Schwelle liegen.

B) STEIGUNGSTRAINING

An einer leichten Steigung mit 3–4 %, wo flüssig gefahren werden kann.

C) PARTNERTRAINING

Mit etwa gleich starkem Partner – 20 km jeden Kilometer Wechsel.

LAUFEN

1. DER LANGE LAUF

Der Lange Lauf von 2–2:30 Stunden – optimal ist 1:45–2:00 Stunden – in GA-1-Belastung und dann 15–20 Minuten hart – dann Auslaufen.

2. HÜGELLAUF

Hügellauf von 1–1:30 Stunden – jeder Hügel (etwa 10 x à 100–500 m) volles Tempo gelaufen, dazwischen GA-1-Belastung.

3. INTERVALLE

Intervalle – der Umfang intensiver Läufe etwa 5 km – am besten mit der Laufgruppe 1 x pro Woche mit einer Herzfrequenz über der Aerob-anaerob-Schwelle.

4. KOPPELLAUF

Koppellauf – etwa 30–60 Minuten direkt nach dem Radfahren – im Idealfall Ironmanwettkampftempo oder schneller.

Oben: Hawaii 2006, beim Training in der Captain-Cook-Bucht.
Mitte: Hawaii 2006, auf dem Queen K Highway unterwegs nach Kwaihai.
Unten: Hawaii 2006, ich bin auf dem Weg zu einem erneuten 3. Platz.

TRAININGSLAGER

Trainingslager bieten nach den langen kühlen Wintermonaten eine willkommene Abwechslung zum teilweise monoton empfundenen Trainingsalltag. Athleten, die höhere Ziele definiert haben, nutzen diese Trainingswochen als richtungweisendes Element ihres Programms. Sie überprüfen die bis zu diesem Zeitpunkt erreichte Form, sodass sie Leistungsrückstände aufholen und Schwankungen stabilisieren können.

Gezielte Trainingsreize werden gesetzt und die Konzentration ganz auf die Be- und Entlastung des Körpers gerichtet. Trainingslager vereinen Aktivurlaub und Regeneration. In korrekter Dosierung unterstützen die Einheiten das Kombinationstraining nach dem Aufenthalt.

Oben: Robert Kathan und ich im Trainingslager in den Emiraten 2003.
Mitte: Beim Schwimmtraining mit Paddles.
Unten: Beim Trainingslager in den Emiraten mit der Truppe auf der »Omanrunde« 2003.

Zu den beliebten Trainingsregionen zählen die wärmeren, landschaftlich reizvollen Gebiete in Südeuropa. Von Mallorca und den Kanaren, über das spanische Festland bis hin zur Toskana werden viele Möglichkeiten angeboten, deren Ruf eine Jahr für Jahr größere Anzahl von Athleten folgt.

SAISONPLANUNG

Die Entscheidung für einen Trainingsaufenthalt im Aus- oder Inland fällt man als bewusst trainierender Athlet allerdings nicht spontan. Schon in der Planung und Vorbereitung auf eine Saison sollte das Berücksichtigung finden.

Mit dem Start des Trainingsprogramms im November oder Dezember baut man bis Ende Januar die notwendigen Grundlagen für ein effizientes Trainingslager auf. Vorab verschafft man sich also ein relativ hohes Leistungsniveau, das man dann im Laufe des Trainingslagers weiter ausbaut.

Besonders die Fähigkeit zur Ausdauer und eine technisch fundierte Basis sollten vorher durch das Grundlagentraining gesichert sein. Über die Wintermonate, in denen man sich verstärkt den Disziplinen Schwimmen und Laufen widmet, lässt sich ein ordentliches Radfahrtraining wegen ungünstigen Wetterverhältnissen eher schlecht als recht durchführen. Das Trainingslager bietet deshalb eine besonders gute Gelegenheit, dies zu intensivieren.

SAUERSTOFFAUFNAHME UND KOHLENHYDRATRESERVE

Die Leistungsfähigkeit lässt sich insgesamt noch weiter differenzieren. Zu den Faktoren zur Bestimmung des Leistungsniveaus gehören die maximale Sauerstoffaufnahme und die Ausprägung der Kohlenhydratreserven. Doch zehrt der Körper nicht ausschließlich von den kurzfristig zugeführten Energielieferanten, sondern mit zunehmender Dauer auch von den körpereigenen Fettreserven. Diese Leistungsgrößen sind gezielt trainierbar und hilfreich, wenn man nicht als Allrounder unterschiedliche Wettkämpfe bestreitet. Die Spezialisierung auf eine Distanz ist also aufgrund der körperlichen Konstitution sinnvoll.

Zu Beginn des Trainingslagers kann man sich ruhig ein bis zwei Tage Zeit nehmen, um zu überprüfen, wie man mit den Gegebenheiten am Trainingsort zurechtkommt. Die andere Topographie und eine neu zusammengestellte Trainingsgruppe vermitteln andere Trainingsumstände als daheim. Daher sind z. B. die Radkilometer in anderem Gelände differenzierter zu betrachten. Es zählt nicht ausschließlich die erbrachte Kilometerleistung, sondern der persönliche Trainingsaufwand.

REGENERATIVE MASSNAHMEN

Dazu gehören genügend Schlaf, Massagen und Gymnastik, sowie gute Ernährung und Verpflegung. Diese Aspekte sind im Trainingslager gleichwertig zum Training zu betrachten. Verzicht

und Askese führen hier schnell zu Unzufriedenheit und verderben den Spaß am Gesamtpaket Trainingslager. Der Formaufbau muss schrittweise und in kleinen Etappen erfolgen. Wer an Bergpässen ausschließlich die Herausforderung sucht oder in Gruppen Wettkämpfe austrägt, wird seine Fähigkeit zum Leistungszuwachs eher einschränken. Der Superkompensationseffekt kann sich dann nicht rechtzeitig einstellen. Kleine Infights oder Zwischensprints innerhalb der Trainingseinheiten sind damit jedoch nicht gemeint.
Ein Trainingslager im Frühjahr bietet dem Athleten ideale Voraussetzungen lang andauernde Einheiten bei niedriger Intensität durchzuführen. Diese bauen auf dem Grundlagentraining der Vormonate auf. Der zur Verfügung stehende Zeitrahmen ist wesentlich größer als im Normalfall, sodass gerade der Umfang des Radtrainings vervielfacht werden kann. Daher verwundert es nicht, dass viele Triathleten nun in der Raddisziplin ihren Trainingshöchststand der gesamten Vorbereitungsphase für erreichen.

FÜR ABWECHSLUNG SORGEN

Anaerobe Belastungen sind bis hierher nur dann sinnvoll, wenn die Ausprägung der Grundlagenausdauer schon relativ weit fortgeschritten ist. Umfangreich bedeutet, nicht monoton und mit stetig wiederkehrenden Mustern zu trainieren. Eine variable Gestaltung des Programms macht die Sache erst interessant. So lassen sich die Intensitäten von drei aufeinanderfolgenden Trainingstagen intensivieren, auf die ein Tag aktiver Regeneration folgt. Nach diesem Prinzip kann der gesamte Trainingsaufenthalt organisiert werden.
Für unerfahrene Athleten ist die regelmäßige Regeneration im Trainingslager sehr wichtig, denn allzu schnell erliegt man der Versuchung, in zu kurzer Zeit einen maximalen Trainingsaufwand zu betreiben. Das endet schnell im Übertraining.

FARIS' TRAININGSLAGER

Ich werde von Bekannten, die mit mir zum ersten Mal ins Trainingslager fahren, des Öfteren erstaunt gefragt, ob ich auch mal schneller Rad fahre. Darauf erwidere ich dann wahrheitsgemäß, dass ich v. a. im ersten Trainingslager äußerst wenig schnelle Einheiten auf dem Rad mache. Das Hauptproblem der meisten Triathleten – auch vieler Profis – ist, dass sie in einem Einheitstempo fahren: normal fahren heißt 32er-Schnitt, schnell dann 33er- und Wettkampf 34er-Schnitt. Ein Radprofi fährt normal 28, schnell 37 und im Wettkampf 42. Die Problematik des Amateur-Athleten, dass er weniger Zeit hat, um Grundlagen aufzubauen und daher höheres Tempo fährt, mag unter Umständen zuhause ab und zu gerechtfertigt sein. Im Trainingslager, wo es ohnehin für einen Amateur-Athleten zu einer deutlich höheren Trainingsumfangssteigerung als für einen Profi kommt, ist Zurückhaltung die oberste Devise. Wer zuhause 10 bis 12 Stunden pro Woche trainiert und dann im Trainingslager 25, ist gut beraten, die Intensität deutlich zu reduzieren. D.h. es sollten kein Krafttraining, keine langen Laufeinheiten, keine Tempoläufe und keine übertriebene Steigerung des Schwimmumfangs durchgeführt werden, auch wenn die Profis dies tun. Dies alles erhöht die notwendige Regenerationszeit. Fahren Sie im Zweifelsfall lieber eine Stunde länger locker Rad.

Im Trainingslager sollte man Nahrungsmittelexperimente – v.a. mit ungekochten Nahrungsmitteln – lange Einkaufs- und Besichtigungstouren und langes Sonnenbaden vermeiden. Auch das Experimentieren mit neuen Trainingsgeräten und -formen ist eher etwas für Profis, die in viele Trainingslager fahren und häufiger neue Trainingsreize brauchen.

Oben: Die Straße auf den Dschebel (arab. Berg) Hafeet mit Portrait des verstorbenen Scheich Said, Gründer der Arabischen Emirate.
Mitte: Beim Radtraining auf Hawaii.
Unten: Schild an der Autobahn von Dubai nach Al-Ain.

EIN TYPISCHER TAG IM TRAININGSLAGER IN AL-AIN

6:30	AUFSTEHEN, FRÜHSTÜCKEN, FERTIGMACHEN ZUM RADFAHREN
7:30	RADFAHREN
9:30	KURZE RADPAUSE, IMBISS
9:45	WEITERFAHREN
12:00	NACH HAUSE, UMZIEHEN ZUM LAUFEN
12:10	LAUFEN
13:00	NACH HAUSE, TRINKEN, DEHNEN, DUSCHEN, KOCHEN, ESSEN, ABWASCHEN
14:30	SCHLAFEN

15:30	LESEN, IMBISS, RATSCHEN
16:45	ABFAHRT ZUM SCHWIMMEN UND KRAFTTRAINING
17:15	DEHNEN, KRAFTTRAINING
18:45	SCHWIMMEN
20:00	UMZIEHEN, ZUM ESSEN FAHREN, EINKAUFEN
22:00	RATSCHEN, LESEN
23:00	SCHLAFEN

Oben: Lauftraining in den Emiraten 2004.
Mitte: Mit Robert Kathan neben den »roten Dünen« auf der »Kamelrunde« in den Emiraten.
Unten: Abends beim Schwimmen im Pool.

VORBEREITUNGEN FÜR DAS TRAININGSLAGER

Ein Trainingslager bedarf natürlich einiger Vorbereitungen. Die letzten Tage vor der Reise sollten der Regeneration dienen. Diese lassen sich dann für wichtige logistische Angelegenheiten nutzen, die unerlässlich sind für einen gelungenen Aufenthalt am Trainingsort.

TRANSPORT DES EQUIPMENTS

Die mit dem Transport verbundenen Kosten stellen den Athleten vor die Wahl, eigenes Material zu verwenden oder die benötigte Ausstattung im Verleih vor Ort zu empfangen. Der Gebrauch des eigenen Rades mit allen individuellen Voreinstellungen hat natürlich Vorteile. Es lässt sich gegen Gebühr und bei entsprechender Versicherung mit auf die Reise nehmen. Dies ist sinnvoll, wenn man keine gängige Rahmengröße benutzt.

Viele Reiseveranstalter bieten den Athleten jedoch gutes und umfangreiches Material im Verleih an, sodass es sich lohnt, bei Buchung der Reise Infos über Mieträder und damit verbundene Reservierungsmöglichkeiten einzuholen. Aufwand und Kosten sind mit dem Transport des eigenen Rades vergleichbar, möglicherweise sogar geringer.

Fällt man seine Entscheidung, das eigene Rad mitzunehmen, ist dessen stabile Verpackung für den sicheren Transport ausgesprochen wichtig. Neben den klassischen Radtaschen stellen spezielle Hartschalenkoffer für Rennräder eine echte Alternative dar, vor allem dann, wenn es darum geht, das Rad gegen äußere Einwirkungen, Stöße und Schläge zu sichern. Diese Hartschalenkoffer sind zwar teuerer als die gängigen Nylontaschen, der Preis ist aber gerechtfertigt, gerade wenn man des Öfteren mit dem Rad auf Reisen unterwegs ist.

Beim Transport beschädigte Rennräder sind zwar versichert, nützen dem Athleten aber gar

nichts, wenn sie am Trainingsort in nicht einwandfreiem Zustand ankommen. Mit ein wenig Mehraufwand lässt sich das Rad auch in Eigeninitiative reisefertig machen. Luftpolsterfolie und Schaumstoffrohre sind hier am besten geeignet, der Feinmechanik und dem Rahmen Schutz zu bieten.

Zuhause und im Trainingslager oft geübt: der Materialcheck an meinem Fahrrad – hier in der Wechselzone, Hawaii 2004.

WERKZEUG NICHT VERGESSEN

Werkzeuge und Ersatzteile benötigt man zur Demontage und zum Zusammenbau des Rennrades am Zielort. Dazu gehören u. a. passende Schlüssel zum Verschrauben der Pedale. Aerolenker, Vorbauten, Sattel- und Schaltwerke lassen sich in der Regel mit einem Imbusschlüssel montieren. Ein kleines Set aus Schraubenziehern und Schlüsseln in den klassischen Größen ist meist schon völlig ausreichend. Mit Schnellspannverschraubungen an Laufrädern, Sattel etc. kommt man auch mit weniger Werkzeug aus. Unterwegs auf der Trainingsstrecke gehört ein Notset jedoch unbedingt zur Standardausstattung, um im Falle eines Defekts vorbereitet zu sein.

Ein Ersatzschlauch, der passende Reifenheber und Flickzeug komplettieren das Paket für den Notfall. In vielen Trainingsgebieten findet man auch Radwerkstätten mit gutem Sortiment. Manche Reiseveranstalter unterhalten zudem am Trainingsort eigene Radzentren, in denen man sich unter fachkundiger Hilfe mit weiterem Material versorgen kann.

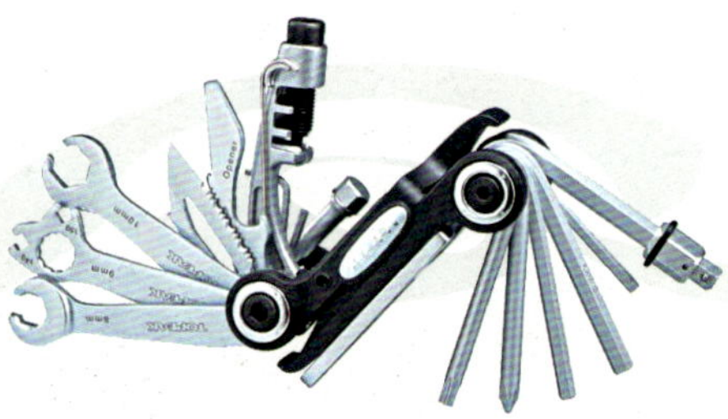

Das Multifunktionswerkzeug »Alien Tool«. Damit hat man immer das Notwendigste bei sich.

REISEAPOTHEKE

Das Trainingslager sollte natürlich möglichst ohne Zwischenfälle wie Verletzungen oder Erkrankungen ablaufen. Dennoch gehört eine kleine Reiseapotheke in jedes Gepäck, um für den Ernstfall vorbereitet zu sein. Darin sollten enthalten sein: Verbandszeug zur Versorgung von Unfallopfern und Medikamente zur Behandlung von Kopf- und Halsschmerzen, sowie von Magen- und Darmbeschwerden. Für die Dauer des Trainingsaufenthalts setzt man sich verstärkt körperlicher Belastung und äußeren Einflüssen aus. Deshalb ist es sinnvoll, sich mit Cremes gegen intensive Sonneneinstrahlung zu schützen. Gegen Wundsitzen und -scheuern beim Radfahren präpariert man sich und das Material mit Vaseline.

FARIS' TIPPS FÜR DIE REISEAPOTHEKE

In die Reiseapotheke gehören: Perenterol für den Aufbau der Darmflora nach Durchfällen, Wund- und Brandsalbe als Gesäßcreme gegen Sitzpickel, Spezialpflaster mit Aluminiumbeschichtung für sturzbedingte Schürfwunden, Voltaren Gel hilft nur im Anfangsstadium einer Entzündung bzw. bei leichten Entzündungen, ein Hautdesinfektionsmittel zum Sprühen wie z.B. Kodan für Füße, Radschuhe, offene Blasen (brennt ziemlich) usw., Compeed Blasenpflaster – brauche ich zwar praktisch nie, ist im Notfall aber sehr hilfreich.

MASSVOLL TRAINIEREN – RISIKEN MINIMIEREN

Mit einer Wochenleistung von 8 bis 10 Trainingsstunden sollte man im Trainingslager einen Umfang von etwa 15 bis 20 Stunden nicht überschreiten. So wird das Verletzungsrisiko minimiert, und Trainingserfolge stellen sich ein.
Dieses Prinzip lässt sich auch auf einzelne Trainingseinheiten übertragen. Mit einer durchschnittlichen Schwimmstrecke von drei Kilometern im Training kann man sich im Trainingslager unter Berücksichtigung der Regeneration an 4 bis 5 Kilometer wagen. Dies ist aus orthopädischer und trainingsmethodischer Sicht am sinnvollsten, denn die Anpassung von Muskeln, Sehnen und Bändern für gesteigerte Leistungsanforderungen braucht Zeit.
Bei aller Umsicht darf man sich nicht in Sicherheit wiegen, von Verletzungen, sei es durch Überbelastung oder äußere Einwirkung, verschont zu bleiben. Eine frühzeitige Behandlung ist dann in jedem Fall besser, als mit falschem Ehrgeiz das Trainingspensum zu erfüllen und ein späteres chronisches Leiden zu riskieren. Das muss nicht bedeuten, das Trainingslager abzubrechen und sich ausschließlich auf den Heilungsprozess zu konzentrieren. Schonung heißt, sich nicht mehr der Belastung auszusetzen, die die verletzten Körperteile betrifft. Der Wechsel in eine andere Disziplin ist also durchaus weiterhin möglich, sodass man nicht zur Untätigkeit gezwungen sein wird. Hier bewährt sich dann die richtige Wahl des Trainingsortes, wenn sich dort alle drei Disziplinen ohne Einschränkung trainieren lassen.

REGENERATIVE THERAPIEN

Die Nachbehandlung außergewöhnlicher Belastungen eines Trainingslagers ist zum Erhalt der Leistungsfähigkeit sehr wichtig. Massagen als Therapieform stehen diesbezüglich hoch im Kurs. Um die Regeneration durch Massagen zu unterstützen, sollte man den Körper jedoch schon im Vorfeld daran gewöhnen, damit sie entspannend und nicht als schmerzhaft empfunden werden. Neben der körperlichen Entspannung sorgen regenerative Therapien auch für mentale Erholung.

Zum Zeitpunkt höchster Trainingsintensität stellen sich bei vielen Athleten Trainingsmüdigkeit und Beschwerden jeglicher Natur ein, die eine Steigerung der Formkurve behindern. Diese Erscheinungen sind häufig Resultat vernachlässigter Erholungsphasen, denn der Leistungsaufbau ist ein Ergebnis aus körperlicher Konditionierung und Regeneration. So reagieren die Bereiche des Körpers unterschiedlich schnell auf Ruhephasen. Das Herz-Kreislauf-System regeneriert schneller als der Bewegungsapparat. Mit aktiver Regeneration lassen sich Erholungsphasen verkürzen, lässt sich die Leistungsfähigkeit des Körpers schneller wiederherstellen.

Konsequent durchgeführtes Ausschwimmen, -fahren oder -laufen fördert die Regenerationsfähigkeit ebenso, wie Massagen und Sauna-

Handsome man – beim Foto-Shooting für ALVA Naturkosmetik.

gänge. Man muss dabei immer auf eine ausreichende Flüssigkeitsversorgung achten, um kein Defizit aufkommen zu lassen.

Der Erholungseffekt durch aktive und passive Regeneration kann sich jedoch erst dann voll entfalten, wenn man nicht unmittelbar danach erneute Belastungsproben auf sich wirken lässt. Im Trainingslager muss man sich an die gesteigerten Anforderungen gewöhnen. Dies geschieht natürlich nicht unmittelbar. Deshalb sind überproportional große Trainingsumfänge nicht besonders ratsam.

ERNÄHRUNG IM TRAININGSLAGER

Jeder Triathlet muss im Trainingslager einen erhöhten Energiebedarf decken. Die Ernährung in dieser Vorbereitungszeit soll hier nicht nur Defizite ausgleichen, sondern unterstützend zum Training wirken.

Erfahrene Athleten und Profis wissen meist sehr genau, was ihr Körper braucht, um leistungsfähig zu bleiben und schnell zu regenerieren. Für Anfänger kann die richtige Ernährungsweise durchaus ein Problem darstellen.

Als Basis für den Tag nimmt man morgens schon ein kohlenhydratreiches Frühstück zu sich. Meist schließen sich ausgedehnte Radtouren daran an, auf denen man sich idealerweise mit isotonischen Getränken oder Fruchtsaftschorlen versorgt. Diese enthalten die Vitamine und Mineralien, die man während der Belastungsdauer am meisten verliert. Mit Trockenobst, Müsliriegeln oder einigen Powergels lassen sich leere Kohlenhydratspeicher schnell wieder auffüllen.

Der Ausgleich des Flüssigkeitshaushalts ist bei über Stunden andauernden Trainingseinheiten das Wichtigste. Mineralwasser, mit Kochsalz und Maltodextrin versetzt, ist ein energiespendendes Getränk, geeignet für hohe Kilometerleistungen. Nimmt man Natrium und Kohlenhydrate auf diese Weise kontinuierlich zu sich, bleibt die Leistungs-

fähigkeit erhalten. Direkt nach der Belastung ist die Aufnahmefähigkeit des Körpers für Vitamine, Mineralien und Kohlenhydrate am höchsten. Die entleerten Speicher lassen sich jetzt schnell wieder füllen. Eine abwechslungsreiche Ernährung garantiert dabei die Aufnahme aller wichtigen Nährstoffe, die während eines hohen Trainingspensums verbraucht werden.

Schnelle Power durch Müsliriegel.

FARIS' ERNÄHRUNG IM TRAININGSLAGER

Die Ernährung ist ein wichtiges Thema im Trainingslager. So manches Mal habe ich Triathleten beim Frühstücksbüffet essen sehen, als ob sie gleich zum Race Across America aufbrächen. Während andere nach dem Verzehr einer Scheibe Knäckebrot glaubhaft versichern wollten, völlig gesättigt zu sein.

Im Trainingslager gilt für den Altersklassenathleten, ständig kleine Portionen zu essen. Nach einem anständigen Frühstück sollten Sie mehrere Stunden Radfahren können, ohne sofort einen Hungerast zu bekommen oder sich übergeben zu müssen. Auf dem Rad sollte nach jeder Stunde ein Häppchen – Energieriegel, Schokoriegel, Banane, Kekse usw. – gegessen werden.

Zu Mittag kann man, je nachdem wie weit die Nachmittagseinheit zeitlich entfernt liegt, mehr oder weniger essen. Bei mir liegen meist 3 bis 5 Stunden zwischen Vor- und Nachmittagstraining, d.h. es gibt etwas leicht Verdauliches, aber ordentliche Portionen. Sehr reales Beispiel (häufig gegessen): Nudeln in Tomaten-Thunfisch-Sauce mit Olivenöl und einer Karotte.

Das Abendessen sollte die Hauptmahlzeit sein, da die Verdauungsarbeit dann keine sportlichen Aktivitäten behindert. Treffen Sie jedoch eine re-

Nudeln, Obst und Süßigkeiten bieten den richtigen Brennstoff für die circa 35 Stunden Sport pro Woche im Trainingslager.

alistische Einschätzung über ihren Kalorienverbrauch. Veranstalten sie keine Fressorgien, aber befolgen Sie auch keinen Diätplan. Der Körper wird schon außerordentlich durch das Sportprogramm belastet – jetzt ist nicht die Zeit für eine Kohlsuppendiät! Salat, Müsli, große Mengen Fleisch, Fisch, Milchprodukte und manches Gemüse beanspruchen viel Verdauungszeit oder werden oft nicht so gut vertragen. Hier gilt es herauszufinden, ob und wie lange vor einer Trainingsbelastung der Magen so etwas toleriert.

NACHBEREITUNG

Die Nachbereitung eines Trainingslagers ist genauso wichtig wie das Trainingslager selbst. Wird man direkt danach krank oder hört auf zu trainieren, wird der positive Effekt sehr gemindert. Das heißt: Trainiert man nach einem Trainingslager in normalem Umfang weiter, dann ist nach zwei bis sechs Wochen, je nach Schwerpunkt im Trainingslager und individueller Reizverarbeitungszeit, eine Leistungssteigerung messbar. Auch hier ist zu berücksichtigen, dass falscher Ehrgeiz nach einem Trainingslager nichts bringt. Je nach Niveau des Athleten reicht schon der gesteigerte Umfang und die Konzentration auf das Training bzw. das reine Ausdauertraining, um die Leistungsfähigkeit zu verbessern. Je besser der Athlet ist, desto eher müssen nach der Verarbeitungsphase des Trainingslagers Kraftausdauer- und Temporeize gesetzt werden, um sich weiter zu steigern.

Ex-Radprofi Kai Hundertmarck auf dem Weg ins Ziel beim Ironman Hawaii 2004.

6 Der Großmeister Peter Reid führt die Hauptgruppe beim Ironman Hawaii 2005 an.

WETTKAMPF

»WIR GENIESSEN DIE SCHMERZEN
UND FREUEN UNS DRAN, DASS
DIE DER ANDEREN GRÖSSER SIND.«

FARIS AL-SULTAN

WETTKAMPFATMOSPHÄRE

Die Faszination für Triathlon begleitet einen Athleten über die gesamte Wettkampfvorbereitung hinweg. Wer einmal die Atmosphäre gespürt hat, die vor, während und nach einer solchen Veranstaltung herrscht, wird sich diesem Gefühl nicht entziehen können und sich der Erfahrung immer wieder hingeben, solange er oder sie imstande dazu ist. Gerade bei Veranstaltungen mit Beteiligung aller Alters- und Leistungsklassen ist die

Begeisterung der Athleten und Zuschauer förmlich greifbar. Die einen sind in Vorfreude, sich endlich der ultimativen Herausforderung stellen zu können, die anderen zollen den Teilnehmern schon ein gewisses Maß an Respekt, dass sie sich bis hierher, an den Start eines Triathlon, gewagt ha-

Oben: Vor dem Start beim Ironman Südafrika 2006.
Mitte: Nach dem Startschuss. Schwimmstart beim Ironman Südafrika 2006.
Unten: Kraftvoll! Maik Petzold beim Schwimmen.

ben und es durchziehen. Da macht es schon ein wenig stolz, zu denen zu gehören, die eine Startnummer tragen und den Wettkampf aufnehmen.

SPANNUNGSAUFBAU

Jeder der Starter ist sich bewusst, dass der Kampf, den es zu gewinnen gilt, zuerst gegen sich selbst, und dann gegen Zeit und Konkurrenz geführt wird. Lange Trainingseinheiten, in denen man oft die Rennsituation vor Augen hat, veranlassen förmlich dazu, diese besondere Atmosphäre des Wettkampfes nachzuempfinden. Dieses Ziel steigert die Motivation derart, dass es für den Moment ein Leichtes zu sein scheint, nicht nur die einzelne Einheit, sondern auch das komplette Programm der Vorbereitung, durchstehen zu können und dem Ziel näher zu kommen, am Start eines Triathlon zu stehen.

Vor dem Start zeigt sich der Großteil der Athleten von energetischer Nervosität gezeichnet. Es ist richtig, vor dem Wettkampf eine gewisse Spannung aufzubauen, die den Adrenalinspiegel ansteigen lässt, um diese dann nach dem Startschuss in explosiver Manier nutzen zu können. Optimismus und Gelassenheit geben den Athleten allerdings die Gewissheit für erfolgreiches Abschneiden. Die Kombination aus beidem verschafft die optimale Ausgangsposition. Die in den Tagen vor dem Wettkampf aufgebaute Konzentration sollte man also bis zum Beginn des Wettkampfes aufrechterhalten. Das funktioniert hervorragend, indem man sich in der Wettkampfvorbereitungsphase mit anderen Teilnehmern unterhält, fachsimpelt und das bevorstehende Rennen aus dem Fokus nimmt. So kann man auch während des Wettkampfes Verkrampfungen aller Art vorbeugen. Ausschließlich mit dem Tunnelblick der Konzentration auf sich selbst die Distanzen abspulen zu wollen, ist diesbezüglich kein probates Mittel.

Das Aufwärmen vor dem Start mit Warmlaufen und Einschwimmen gehört mit zum Wettkampf. Der Körper kann sich schon an die bevorstehenden Anforderungen gewöhnen, muss nicht »von Null auf Hundert hochfahren« und findet bei vorab gesteigerter Herzfrequenz zügig den richtigen Rhythmus. Gerade in kaltem Wasser werden die Muskeln ohne Aufwärmprogramm unheimlich schnell taub und die Bewegungen träge.

DER STARTSCHUSS FÄLLT

Das Spektakel beginnt. Mit dem Sturm aufs Wasser, versucht sich jeder, eine möglichst aussichtsreiche Position im Feld zu verschaffen. Schnell wird den Schwimmern klar, dass auf den ersten hundert Metern v.a. Kampfgeist und Kraft das Rennen um die besten Plätze entscheiden. Die soeben noch ruhigen, tiefen Atemzüge vor dem Start wandeln sich schnell in hektisches Ringen nach Sauerstoff. Die Taktik, möglichst homogen zu atmen und zu schwimmen, scheint erst mal dahin. Doch mit fortschreitender Dauer gewöhnt sich der Körper an die Temperatur und erinnert

sich an antrainierte Bewegungsabläufe. Die Atmung reguliert sich spätestens dann, wenn man den Rhythmus, mit jedem dritten Armzug Luft zu holen, gefunden hat. Jetzt hat die Auseinandersetzung mit sich selbst begonnen.

Ein schneller Schwimmer muss sich bewusst sein, in den anderen Disziplinen von nachrückenden Athleten überholt zu werden. Dann gilt es, Moral zu beweisen und die Marschroute nicht aus den Augen zu verlieren. Schnellere Konkurrenten können dabei eine Hilfe sein, wenn man sich, bei Windschattenverbot auch in sicherer Entfernung, an ihnen festbeißt und sich ziehen lässt. Durchschnittliche Schwimmer suchen den freien Weg auf Außenbahnen. Beinahe ohne Änderung von Rhythmus und Atmung kann man hier am besten das Wettkampftempo durchhalten.

DIE ERSTE ETAPPE IST GESCHAFFT

Irgendwann greift eine Hand in den Sand oder gelangt an die Rampe. Der Schwimmausstieg ist erreicht und die erste Disziplin erfolgreich beendet. Helfer greifen den Schwimmern unter die Arme, ziehen sie aus dem Wasser und unterstützen bei den ersten wackeligen Schritten an Land. Der gesamte Bewegungsapparat scheint in Funktion und Leistung ineffektiv zu sein. Beim Lauf in die Wechselzone versucht man, die Umstellung vom Schwimmer zum Radfahrer schnellstmög-

Volle Konzentration beim ersten Wechsel 2005, Ironman Hawaii.

lich zu vollziehen. Durch kurze, schnelle Schritte normalisieren sich Bewegungsabläufe, das Blut schnellt vom Oberkörper in die Beine. So ist am Anfang der Radstrecke unmittelbar Kraft vorhanden. Während des Wechsels beruhigen sich Atmung und Herzfrequenz – die Umstellung ist geschafft. Auf den ersten Kilometern kristallisiert sich schnell die Tagesform heraus. Jetzt lautet die Devise, nicht Gefahr zu laufen, in Euphorie zu verfallen, und das Radrennen zu schnell zu bestreiten.

DEN RUNDEN TRITT FINDEN

Die physische Belastung konzentriert sich mit Beginn der zweiten Disziplin hauptsächlich auf die Beinmuskulatur. Da erklärt sich von selbst, dass man das richtige Mittel zwischen Krafteinsatz und Energieersparnis finden muss. Besonders

Oben: Hawaii 2004, auf dem Rad – ganz hinten sieht man die Verfolgergruppe.
Mitte: Kurz vor dem zweiten Wechsel, Hawaii 2004.
Unten: Beim Lauf in die Wechselzone, Hawaii 2004.

auf der Radstrecke kämpft man gegen sich selbst. Die wenigen Zuschauer am Streckenrand sind zwar eine willkommene Abwechslung, können aber nicht wirklich über die Schmerzen der eigenen Überwindung hinwegtäuschen.
Nachdem die anfänglichen Anstrengungen des ersten Wechsels aus den Beinen gefahren sind, findet man seine Widersacher im Wind, in Steigungen und der Länge der Strecke. Wer sich an dieser Stelle an die Trainingseinheiten der lan-

gen Distanzen erinnert und deren Resultate nun umzusetzen weiß, hat die besten Chancen einen homogenen Verlauf des Radrennens hinzulegen. Zur optimalen Tempoeinteilung orientiert man sich an der Herzfrequenz, hält diese auf einem

Oben: Flüssigkeitsaufnahme beim Marathon an einer Verpflegungsstation, Hawaii 2005.
Mitte: Der erste Kilometer der Laufstrecke, Hawaii 2004.
Unten: Mit Mike Reilly, dem Ironman-Sprecher, im Ziel beim Ironman Hawaii 2005.

gleichmäßig hohen Niveau, ohne im anaeroben Bereich zu übersäuern, setzt sich Etappenziele und konzentriert sich auf eine gleich bleibende Trittfrequenz. Trotz allem wird die physische Belastung deutlich spürbar werden. Durch veränderte Körperhaltung und Gewichtsverlagerung kann man drohenden Verspannungen entgegenwirken und sich eine komfortablere Ausgangsposition für die Laufdistanz schaffen.

Es genügt nicht, ausschließlich Verpflegungspunkte zu nutzen, um Defizite an Flüssigkeit und Energie auszugleichen. Das Radrennen bietet die beste Gelegenheit dazu, gleichzeitig auch den Akku für die bevorstehende Laufstrecke aufzufüllen. Wenn der zweite Wechsel bevorsteht, sollte man bereits auf dem Rad darauf vorbereitet sein. Das Wechselszenario wird gegen Ende des Radrennens im Kopf schon durchgespielt, während man bei erhöhter Trittfrequenz überschüssiges Laktat aus den Beinen beseitigt.

DIE DRITTE ETAPPE

Der zweite Wechsel, vom Radrennfahrer zum Läufer, kommt – und wie! Auch wenn man sich auf dem letzten Teilstück der Radstrecke schon auf das Laufen konzentriert und versucht hat, die Beine entsprechend zu lockern, wird die Umstellung dennoch zum Härtetest. Schon die ersten Meter mit dem Rad neben sich durch die Wechselzone lassen erahnen, welche Belastungsprobe in den nächsten Minuten auf den Athleten zukommt.

DEN RICHTIGEN LAUFRHYTHMUS FINDEN

Sofern es möglich ist, gilt es jetzt schnell zu laufen, damit man die Umstellung besser vollzieht. Die Leistungsbereitschaft der Quadriceps-Muskulatur ist vom Radrennen erschöpft.

Zu Beginn der dritten Disziplin ist nicht auszumachen, woher man die notwendige Kraft nehmen soll, um den Wettkampfrhythmus zu finden und Geschwindigkeit aufzubauen. An dieser Stelle aufzugeben gilt nicht! Es ist schließlich ein Triathlon, und niemand hat behauptet, dass ein erfolgreiches Finish leicht werden würde.

Mit Durchhaltevermögen und den Schmerzen trotzend braucht man nur abzuwarten, bis die Kniekehlenmuskeln die Laufarbeit übernommen haben. Langsam, aber sicher findet man zu antrainierten Bewegungsabläufen zurück, und die Atmung stellt sich im gleichmäßigen Rhythmus auf die Schrittfrequenz ein. Der Übergang ist geschafft.

Kurze, schnelle Schritte und, sofern irgendwie möglich, eine ruhige, tiefe Atmung helfen, auf dem ersten Kilometer den Rhythmus eines Läufers zu finden. Mit selbst gestecken Etappenzielen innerhalb der Laufdistanz arbeitet man sich konstant nach vorn.

Wer die eigene Leistungsfähigkeit richtig einzuschätzen weiß und die Tempohärte für die lange Distanz besitzt, kann den Wettkampf so gestalten, dass die zweite Rennhälfte schneller gelaufen wird, als die erste.

WECHSELZONEN

Die Wechsel gehören zum Wettkampf! Wenn zu viel Zeit in der Wechselzone verrinnt, weil die eigene Organisation der Abläufe nicht funktioniert, können am Ende wichtige Sekunden um Platzierungen und Bestzeiten verspielt worden sein. Und das verleiht dem Ergebnis im Bewusstsein darum, eigentlich besser sein zu können, einen faden Beigeschmack.

Wenn man es sich leistet, für einige Augenblicke länger durchzuatmen als eigentlich notwendig, wird sich die Konkurrenz bedanken. Gerade auf Sprint- oder Kurzdistanzen sind schnelle Wechsel ein Muss, denn hier kann man Zeit gewinnen und Plätze gutmachen.

HEKTIK IN DER WECHSELZONE

Ambitionierte Athleten werden sich in die Pflicht nehmen, möglichst schnell durch die Wechselzone zu kommen, denn die Dichte an der Spitze der leistungsstarken Triathleten nimmt stetig zu und Zeitabstände werden immer geringer. Im Idealfall versucht man daher, sich während des laufenden Wettkampfes schon auf das bevorstehende Szenario zu konzentrieren.

Ein durchdacht eingerichteter Wechselplatz garantiert auch in der Hektik Übersicht und Kontrolle. Das Equipment fürs Schwimmen, Radfahren und Laufen muss am vorgesehenen Stellplatz deponiert und im Verlauf des Wettkampfes auch wieder dort platziert werden.

Ordnet man die Ausrüstung in der Reihenfolge an, in der sie zum Einsatz kommen soll, wird man problemlos und schnell die Wechselzone wieder verlassen können, ohne in der Konzentration auf das nächste Teilstück gestört zu werden. Vor Überraschungen ist man jedoch auch hier nicht gefeit, etwa wenn entgegen aller Vorkehrungen das Rad Luft verloren oder ein anderer Teilnehmer beim ersten Wechsel im Übereifer die akribische Ordnung in ein Chaos verwandelt hat.

ERSTER WECHSEL

VOM SCHWIMMEN ZUM RADFAHREN

Beim Schwimmen konzentriert sich das Blut in der beanspruchten Muskulatur von Armen, Schultern und Oberkörper. Die beim Schwimmen weitgehend inaktiven Beinmuskeln werden nicht zusätzlich mit sauerstoff- und nährstoffreichem Blut versorgt, müssen mit dem Erreichen der Wechselzone aber schon auf die Belastungsänderung vorbereitet sein. Mit erhöhtem Beinschlag gegen Ende der Schwimmdistanz schnellt das Blut auch in die Beinmuskulatur. Beginnt man nun zu laufen, sind die Beine bereits in die Umstellung vom Schwimmer zum Läufer übergegangen. Der gesamte Wechsel sollte nun leichter fallen.

Schon beim Verlassen des Wassers Richtung Wechselplatz befreit man seinen Oberkörper vom Neoprenanzug. Zügiges Laufen und gleichmäßiges Atmen bringen die gestiegene Herzfrequenz zurück auf »Normalhöhe«, denn Herz und Kreislauf haben sich noch nicht vollends an die veränderten Anforderungen gewöhnt und arbeiten auf Hochtouren. Nach dem Anlegen von Helm, Brille und Radschuhen läuft man mit Tempo gen Radausfahrt. Nur so lässt sich die nötige Spannung für die zweite Disziplin aufbauen. Innerhalb der Wechselzone ist es verboten, mit dem Rad zu fahren.

ZWEITER WECHSEL

VOM RADFAHREN ZUM LAUFEN

Der zweite Wechsel geht im Normalfall noch schneller. Auch hier gilt es, vorbereitet zu sein. Während der letzten paar hundert Meter lassen sich mit gesteigerter Trittfrequenz die Beine lockern, Laktat abbauen und die Kniekehlenmuskulatur aktivieren, die auf der Laufstrecke die Hauptarbeit verrichten muss.

Mit geschlossenem Helm läuft man zu seinem Platz. Erst hier darf der Verschluss geöffnet werden. Wer sich nicht daran hält, wird vom Wettkampfrichter angehalten, um den Helm erneut aufzusetzen und zu schließen. Am Wechselplatz tauscht man die Rad- gegen Laufschuhe, vorzugsweise ausgestattet mit elastischen Schuhbändern oder anderen Schnellverschlüssen. Mit hoher Schrittfrequenz zu Beginn des Laufens vollendet man die Umstellung vom Radfahrer zum Läufer am schnellsten.

Oben: Athletin auf dem ziemlich steilen Weg in die erste Wechselzone beim Ironman Germany in Frankfurt.
Unten: Nicole Leder auf dem Weg aus der ersten Wechselzone beim Quelle Challenge in Roth.

ZIELEINLAUF

Das Finish schafft man mit Vertrauen in die hinter sich gelassene Vorbereitung und die eigene Leistungsstärke. So kommt man seinen physischen und mentalen Grenzen nahe. Definierte Ziele werden nur unter der Voraussetzung von mentaler Fitness erreicht. Eine hervorragende psychische Vorbereitung ist demnach ebenso wichtig wie entsprechendes Training der optimalen körperlichen Voraussetzungen.

Über sich hinauswachsen zu können und bis dato unerreichte Leistungen abzurufen, basiert zum großen Teil auf mentaler Stärke und Motivation. Leistungsexplosionen setzen allerdings die objektive Beurteilung der eigenen Trainingsergebnisse voraus. Darauf aufbauend lassen sich realistische Ziele definieren, die auf lange Sicht erreichbar sind und denen man sich mittelfristig sukzessive nähern kann.

Nur darf man bei der Strategie der kleinen Ziele nicht den Fehler begehen, zu schnell zu viel aus dem vorhandenen Potenzial machen zu wollen. Bei Übermotivation besteht Gefahr, das Training oder den Wettkampf mit überproportionalem Kraftaufwand zu gestalten und mit fortschreitender Dauer einzubrechen. Das kann zur Folge haben, dass man seine Leistungsfähigkeit in Frage stellt, weil die angestrebten Ziele nicht wie erwartet zu erreichen sind.

Momente, in denen man einfach die Zeit anhalten will: Studie meines Zieleinlaufs Hawaii 2005.

MENTALE STÄRKE ZEIGEN

Ist man sich der eigenen Stärken bewusst, lassen sich objektiv Leistungsgrenzen ziehen. Die Tempoeinteilung des gesamten Wettkampfes baut auf diesem Kriterium auf. Etappenziele innerhalb der einzelnen Disziplinen können unterstützend wirken, die Geschwindigkeit konstant hoch zu halten.

Wer sich beispielsweise die Laufstrecke eines Kurztriathlons über zehn Kilometer als Distanz von zwei mal fünf Kilometer vorstellt, wird überraschend schnell die beiden vermeintlich kürzeren Strecken absolvieren können – besser, als wenn er sich auf die gefühlt »längere« Gesamtstrecke konzentrieren muss. Dieser Trick funktioniert natürlich auch bei den anderen beiden Disziplinen.

WORAN BEI DER WETTKAMPF-VORBEREITUNG ZU DENKEN IST

Eine optimale Vorbereitung ist unerlässlich für einen gelungenen Wettkampf. Dies gilt aber nicht nur für die physischen und mentalen Voraussetzungen, sondern genauso für vollständiges und funktionstüchtiges Material. Es nützt das beste über Wochen und Monate aufgebaute Potenzial nichts, wenn im Verlauf der Veranstaltung deutlich wird, dass man mit besser abgestimmtem Equipment mehr aus sich rausholen und besser auf die Erfordernisse des Rennens reagieren könnte.

Auch Informationen über Streckenverläufe und -beschaffenheit sowie zu erwartende Witterung usw. sind überaus hilfreich, sich auf diese Bedingungen perfekt vorzubereiten. Vermeintliche Nichtigkeiten haben nicht selten große Auswirkungen auf den Rennverlauf. Ist ein montierter Aero-Lenker beispielsweise nicht erlaubt, kann der Wettkampf schon zu Ende sein, bevor er überhaupt begonnen hat.

In der letzten Woche vor dem Wettkampf beschränkt man sich auf wenige leichte Übungseinheiten zur Lockerung und Entspannung. Zu diesem Zeitpunkt starr im Trainingsplan weiterzuarbeiten oder ein nicht vollendetes Programm eisern durchzuziehen, bringt nichts. Ein Trainingseffekt wird sich bis zum Rennen zu diesem Zeitpunkt nicht mehr einstellen. Der Körper braucht die Regenerationsphase vor der Veranstaltung nicht nur, um sich von den Einheiten der vergangenen Wochen und Monate zu regenerieren, sondern auch um ein möglichst hohes Potenzial an Kraftreserven in Form von Kohlenhydraten, Proteinen usw. für den Wettkampf aufzubauen.

Die Organisation des Wettbewerbs bedarf einiger Vorbereitungszeit, die man sich deshalb unbedingt nehmen sollte. Anhand einer Checkliste (ein Vorschlag hierzu siehe S. 170) lässt sich der Wettkampftag detailliert planen, und man kann sich in Sicherheit wiegen, nichts zu vergessen, wenn alle wichtigen Punkte abgehakt sind.

WETTKAMPF – ALLES EINSTELLUNGSSACHE

Natürlich läuft es nicht immer so, wie man glaubt oder hofft. Der Hauptunterschied zwischen den Leuten, die vorne an der Weltspitze stehen und denen weiter hinten, ist in erster Linie der Kopf. Natürlich gibt es auch noch physische Unterschiede, aber die sind weniger bedeutend. Beim Ironman kämpft man vor allem gegen den inneren Schweinehund. Irgendwann auf der Strecke

kommt der Punkt, an dem einem die Platzierung egal ist. Da willst du dann nur noch ankommen und anschließend heim zu Mama. Da muss man dagegenhalten. Die Top-Triathleten sind im Wettkampf gnadenlos mit sich, sonst geht's auch nicht. Normann Stadler – der ist schon sehr stark immer auf Platz eins fixiert. Und das packt er auch – wenn alles glatt geht. Wenn bei ihm alles super läuft, hat der Rest keine Chance. Oder wir brauchen alle einen super Tag. Ist einfach so.

FARIS PERSÖNLICH

Er fährt brutal gut Rad. Aber Normann ist auch eine Diva. Wenn irgendwas nicht so ist, wie er es sich vorstellt – ein Eichhörnchen läuft von rechts über die Straße und Normann meint, das stört ihn, – dann blockiert er.

Die Zahl der Ironman-Rennen, bei denen Normann aufgegeben hat, ist größer als die Zahl der Ironman-Rennen, bei denen ich überhaupt am Start stand. Das ist einfach ein Unterschied in der Einstellung. Mein dritter Platz auf

Hawaii 2006 war für mich voll in Ordnung. Das hat im Vergleich zum Vorjahr, als ich Erster wurde, schon einiges an Druck herausgenommen, der von außen auf mir lastete. Wenn ich wieder gewonnen hätte, wäre ich der neue Dave Scott gewesen, der sechsmal auf Hawaii gewinnen konnte. Der neue Superheld.

Aber für meine persönliche Entwicklung war und ist es besser, dass ich 2006 Dritter geworden bin. Vor allem auch, wie ich Dritter geworden

bin, war für mich wichtig. Der Wettkampf lief von Anfang an nicht so, wie ich es wollte, und auch das Wetter passte mir nicht. Alles war schlecht. Und ich wurde trotzdem Dritter. Das war von der psychologischen Seite aus betrachtet für mich extrem wichtig.

OLYMPIA IST EINE KLASSE FÜR SICH

Ob mir ein Olympiasieg oder ein Sieg auf Hawaii wichtiger wäre, kann ich nur schwer bewerten. Die Olympischen Spiele sind eine Klasse für sich, weil sie alle Sportarten umfassen. Hawaii ist nur für Triathleten so bedeutend. Wie jeder Sportler wäre ich natürlich gern mal bei Olympischen Spielen dabei. Für die Teilnahme gibt es jedoch nur 50 bis maximal 60 Plätze. Aus der Weltrangliste nehmen die besten Triathleten teil, aber nicht die besten 60. Jede Nation hat eine Begrenzung auf drei Starter. Je mehr Worldcup-Punkte eine Nation hat, desto mehr Startplätze werden ihr zugesichert, aber nie mehr als diese drei. Beispielsweise dürfen die Australier, obwohl sie so viele gute Triathleten haben, auch nur drei Starter zu Olympia schicken. Zum einen muss also die Nation viele Punkte sammeln, zum anderen aber auch der Athlet.

Darüber hinaus gibt es natürlich noch Sonderregelungen wie Wild Cards und Nachnominierungen oder Sonderregelungen für Welt- und Europameister. Für mich persönlich gilt, dass ich bei den Kurzdistanz-Rennen in Deutschland oder Europa schon ziemlich gut sein müsste, um zu Weltmeisterschaften geschickt zu werden. Da kann man dann Punkte sammeln, kommt in den Kader und wird zu weiteren Weltmeisterschaften geschickt. Aber ich weiß, dass ich dafür nicht gut genug bin. So ehrlich muss man schon sein. Bei Lothar Leder ist das etwas anderes. Der war auf der Kurzdistanz dreimal Deutscher Meister.

MEINE KONKURRENZ

Normann Stadler hat ein sehr großes Potenzial auf dem Rad. Seine Schwäche ist aber sein divenhaftes Verhalten, obwohl er seit seinem ersten Hawaii-Sieg viel sicherer geworden ist. Früher gab es schon den ein oder anderen, der ihn bereits vor dem Wettkampf zu verunsichern versucht hat. Chris McCormack hingegen ist unglaublich selbstbewusst. Seine größte Schwäche ist, dass er Hitze nicht gut verträgt. Eigentlich hätte er Hawaii 2006 gewinnen müssen, weil es für hawaiianische Verhältnisse ausgesprochen kühl war. Ansonsten ist Chris McCormack unglaublich ausgefuchst. Der weiß im Rennen ganz genau, wo er sich bewegt und wie viel Kraft er wo verschwenden kann. Er macht nichts unüberlegt. Damit ist er das absolute Gegenteil von mir. Meine größte Schwäche ist – und das wurde mir von McCormack auch bestätigt –, dass meine Taktik ganz leicht auszurechnen ist.

Eine meiner Stärken ist vielleicht, dass ich in allen drei Disziplinen ziemlich ausgeglichen bin. Man darf mich nie abschreiben, ganz egal, wie weit ich weg bin!

Cameron Brown ist ein ausgesprochen guter Läufer. Wenn man zusammen mit ihm vom Rad steigt, kann man sich eigentlich schon sicher sein, dass man gegen ihn verliert. Der läuft konstant sein Tempo. Auf dem Rad hingegen kann er keine Akzente setzen und das Tempo nicht variieren.

Sympathisch sind mir alle, die ein Rennen gewinnen wollen und ihr Ding dann auch durchziehen, ohne sich viel darum zu kümmern, was die anderen machen, wie Thomas Hellriegel. Mir persönlich gefällt es nicht besonders, wenn Leute berechnend sind. Andererseits muss auch jeder mit dem auftrumpfen, was er besonders gut kann. Warum ich einige nicht zu meinen besten Freunden zählen würde, liegt an der persönlichen Einstellung.

WAS HEISST SCHON VORBILD?

Mein sportliches Vorbild ist sicher Thomas Hellriegel. Er war derjenige, der mich richtig beeindruckt und mich 1997 mit dem Virus Ironman infiziert hat. Er war mein Motivator. Hinsichtlich Training und Ernährung sind wir zwar anderer Meinung, aber ich habe großen Respekt vor ihm. Ein weiteres großes Vorbild ist sicher auch Peter Reid. Er ist ein Laufspezialist und nutzt seine Chancen knallhart. Wenn du ihm ein Butterbrot hinlegst, frisst er es auf und dich dazu.
Ich selbst tauge nur bedingt zum Vorbild. Ich habe beispielsweise im Training viel zu viele Fehler gemacht. Das würde ich jemandem, der neu anfängt, wirklich nicht zumuten. Der Umfang meiner Trainingseinheiten war einfach immens hoch. Das wäre für die meisten sowohl orthopädisch als auch psychologisch nicht sinnvoll. Mein damaliger Trainingspartner war jedenfalls konstant überfordert – trotzdem hat er versucht, mitzuhalten. Den habe ich ziemlich verschlissen, ich hoffe, er verzeiht es mir ... Wir hatten einfach unterschiedliche Niveaus.
Ich habe von Natur aus glücklicherweise auch genetische Vorteile. Vielleicht kann ich den Leuten aber ganz gut vermitteln, dass man entspannt mit dieser Sache umgehen soll. Aus Erfahrung weiß man ja auch, dass es, um ein guter Triathlet zu werden, am besten ist, wenn man bis zum Alter von 16 bzw. 18 Jahren keinen Triathlon macht.

Bis dahin sollte man besser Fußball oder Basketball spielen oder andere Sportarten machen und auf alle Fälle schwimmen, weil die athletische Ausbildung dann besser ist.
Auch hinsichtlich der Ausrüstung darf man es nicht übertreiben. Das teuerste Fahrrad macht aus dir nicht automatisch den besten Radfahrer. Diese Unterschiede spielen höchstens im Top-Profi-Bereich eine gewisse Rolle, aber sicher nicht auf dem Weg dorthin.

EIN FREUND, EIN GUTER FREUND ...

Ich würde behaupten, es gibt echte Freundschaften in der Triathlonszene. Viele von uns fahren gemeinsam ins Trainingslager, wo man auf engstem Raum für vier bis fünf Wochen gemeinsam lebt. Das kann man eigentlich nur mit jemandem machen, mit dem man sehr gut auskommt. Ich denke, dass es hinsichtlich Konkurrenzverhalten auch einen ganz wesentlichen Unterschied zwischen Männern und Frauen gibt. Männer machen

einfach ihren Wettkampf, und am Ende hat einer gewonnen. Danach geht man gemeinsam ein Bier trinken. Frauen definieren sich meines Erachtens zu sehr über ihre Leistung. Die sind dann nach einem Rennen oft Todfeindinnen.

Natürlich will man, wenn man am Start steht, auch gewinnen. Aber wenn ich mir selbst sicher bin, dass ich im Wettkampf alles gegeben habe und eine gute Leistung gebracht habe, dann ist es mir egal, ob mich einer besiegt hat. Dann war derjenige einfach besser, und ich kann versuchen auch besser zu werden. Wenn ich an einem Tag nicht alles gegeben habe, dann ärgere ich mich schon, und dann ist es mir auch nicht egal, nicht gewonnen zu haben.

WAS SO IM KOPF ABGEHT

Respekt vor der Langdistanz hat man immer, da kann so viel passieren. Die Besten der Besten stehen am Start, und davor muss man einfach Respekt haben, insbesondere vor Hawaii. Zweifel hat man sicher auch. Hab ich genügend trainiert?

Unmittelbar vor dem Wettkampf mache ich mich warm, lasse die Arme schwingen, oft lege ich mich noch mal ganz kurz auf den Rücken, Beine hoch, noch ein bis drei Minuten Musik hören, da schalte ich noch mal kurz ab. Bei meinem ersten Ironman auf Lanzarote lag ich auch so da. Neben mir lag damals nur eine Parkbank weiter ein Engländer, der treffenderweise feststellte, dass das wohl die letzten fünf Minuten in den kommenden zwanzig Stunden sein würden, wo man so daliegen könne. Da hatte er definitiv recht. Seitdem mache ich das.

Wenn dann der Startschuss kommt, sind alle Zweifel wie weggeblasen, und es geht nur noch um eins: ein möglichst gutes Rennen zu machen. Wenn man dann noch zweifelt, kann man auch keine Leistung bringen.

Die meiste Zeit im Wettkampf ist man auf das konzentriert, was man macht und was notwendig ist. Was brauche ich an der nächsten Verpflegungsstelle? Wo sind meine Konkurrenten? Wie ist der Abstand? Trete ich noch rund genug? Ist mein Speed hoch genug? Wann hört's auf zu regnen? Man denkt fast nur an Dinge, die direkt mit dem Rennen zu tun haben, an Sachen im Hier und Jetzt. Zwischendurch kommen einem natürlich geistesblitzartig auch andere Gedanken. Die Sinnfrage stellt sich auch ab und zu. Was mache ich eigentlich hier? Man denkt auch ans Aufgeben, vor allem wenn es einem schlecht geht. Das ist mir 2006 in Südafrika passiert. Da dachte ich mir nach zwei Runden Laufen: »Hey, jetzt geh doch nach Hause, und spar dir das hier.« Langweilig ist einem in den Wettkämpfen selbst allerdings nie.

Je mehr Rennen man macht, umso kürzer kommt einem der Wettkampf vor. Der Grund, warum die Zeit schneller zu vergehen scheint, liegt meines Erachtens darin, dass wir so viele Dinge machen, die wir schon mal gemacht haben. Früher kam mir die 270-Kilometer-Radrunde, die wir so ab und zu im Jahr fahren, tierisch lang vor, wie eine Weltreise – 10 Stunden unterwegs! Mittlerweile kenn ich die Runde gut – Achenpass, Wolfratshausen – und schon bin ich wieder zuhause.

Ganz ähnlich ist das beim Ironman. Ehe man sich versieht, fährt man durch die Lavafelder Richtung Norden auf dem Queen Ka´Áhumanu Highway, und schon ist man oben am Wendepunkt in Hawi. Hier bekommt man seine »Special Needs«, dann geht's bergab, und schon ist man wieder in Kawaihae. Das geht ganz schnell – also in gefühlter Zeit–, obwohl das Rennen ja immerhin etwa achteinhalb Stunden dauert.

Anschließend weiß man von dem Rennen eigentlich fast gar nichts mehr. Faszinierend ist auch, dass ich mich an meinen Zieleinlauf 2005, als ich Erster wurde, überhaupt nicht mehr erinnere. Das ist alles weg. Und das war *der* Moment in

meinem Leben. Aufregende Situationen, wenn man beispielsweise einen Leistungseinbruch hat oder jemanden überholt, hat man danach noch sehr gut im Kopf. Aber ich kann mich nicht daran erinnern, was ich getrunken und wie viele Bananen ich auf der Strecke gegessen habe. Das ist automatisiert. Man ist zu sehr mit sich selbst beschäftigt. Leider weiß ich auch meist nicht mehr, wer alles am Straßenrand stand und mich angefeuert hat.

nicht unterbrechen und anfangen zu lamentieren, wenn mir Wasser in die Schwimmbrille kommt. Da sind die anderen schon längst weg. Solche Ereignisse muss man einfach abhaken.

So ein Achteinhalb-Stunden-Wettkampf ist kein Wunschkonzert, da passiert immer irgendetwas Unangenehmes. Man muss während des Rennens Problemmanagement betreiben. 2005 kündigte sich auf der Radstrecke bei Kilometer 120 ein Beinkrampf aufgrund eines Hungerastes an.

WURSCHTIGKEIT UND PROBLEMMANAGEMENT

Was man dagegen schon wahrnimmt, wenn sie sich deutlich bemerkbar machen, sind Schmerzen. Aber damit muss man umgehen können, und hier ist der für mich beim Triathlon so wichtige Wurschtigkeitsfaktor entscheidend. Es passiert einem einfach so viel, was einem nicht passieren sollte oder wo man Pech hat, – und dass muss dir dann einfach egal sein. Ich kann das Rennen

Ich stand vor einem schweren Einbruch. Da geht's dann los. Was tun? Zunächst Tempo rausnehmen, Bein dehnen, cool bleiben, zur nächsten Verpflegungsstation fahren, langsam vorbei und da alles abräumen, was man mitnehmen kann. Wenn man merkt, dass es wieder geht, wird das Tempo langsam gesteigert. Dann muss man darauf achten, wie schnell man fahren kann, ohne einen Krampf zu bekommen. Ähnlich ist das beim Laufen – da hilft es dann meist die Schrittlänge zu verkürzen.

Niemand kann einem aber beibringen oder sagen, was da am besten ist, man muss seinen Körper fühlen. Es ist ganz wichtig, dass man sich über die Jahre in Training und Wettkampf ein gutes Körpergefühl aneignet.

REGELVERSTÖSSE

Einige nutzen im Rennen auch die Möglichkeiten, das Reglement nach ihren eigenen Vorstellungen auszulegen. Eigentlich darf man nicht im Windschatten des anderen fahren. Manche fahren aber zu nah auf, was man auch daran merkt, dass der Schiedsrichter leicht unruhig wird. Einige reizen das aus und fahren knallhart im Windschatten. Da kommt mir einfach die Galle hoch, und diese Leute sollten dann einfach keinen Triathlon machen. In der Langdistanz gibt es allerdings weniger Möglichkeiten, gegen die Regeln zu verstoßen als bei der Kurzdistanz. Da wird unter den Bojen durchgetaucht und abgekürzt. Beim Start geht es viel härter zur Sache, und es kommen schon mal die Ellenbogen zum Einsatz. Auch in der Wechselzone geht es bei der Kurzdistanz meistens sehr hart her. Es gibt dann auch noch die ganzen fiesen Typen, die bei großer Hitze die Verpflegungsstationen abräumen. Das gibt es tatsächlich! Wenn ich so etwas sehen würde, würde ich ausrasten.

Auch beim Material legen einige die Regeln eher großzügig aus. Beispielsweise verbietet das Reglement das Tragen von Neoprenanzügen ab einer Wassertemperatur von 24 °C. Dies ist zum Schutz für die Sportler und Sportlerinnen, da es sonst zur Überhitzung des Körpers kommen kann. Manche nähen sich sogar in einen normalen Textilschwimmanzug, wie man ihn auch beim Schwimmen bei den Olympischen Spielen sieht, eine Neoprenschicht ein. Und wenn das vor dem Rennen niemand kontrolliert, dann hat man Auftrieb im Wasser und kann schneller schwimmen. Einfach so. Solche Aktionen mag ich nicht.

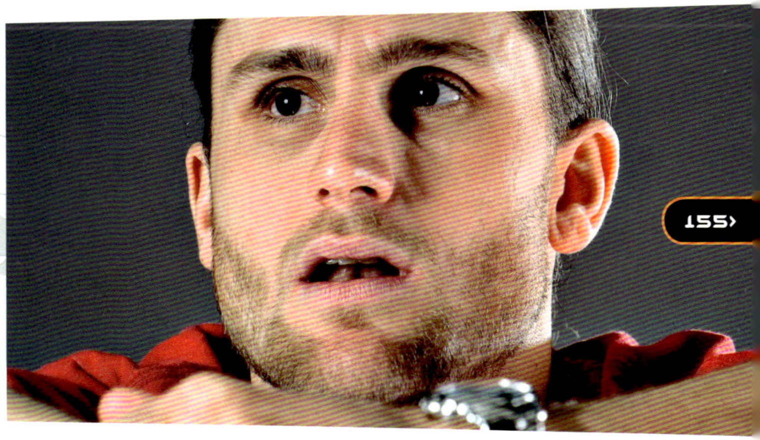

MOTIVATION UND WETTKAMPF

Ein großer Wettkampf wie Hawaii beginnt eigentlich schon elf Monate vor dem Start mit dem Training, denn letzten Endes ist im Triathlonsport kein Wettkampf auch nur annähernd so bedeutend wie der Ironman in Kona – das Sinnbild dieses Sports. Hier wird Triathlongeschichte geschrieben, und wem es vergönnt ist, dort zu starten, der erntet Bewunderung und Anerkennung. Also startet die Vorbereitung schon sehr früh.

Ich gehöre nicht zu den Athleten, die das ganze Jahr nur an diesen einen Wettkampf denken, und meine Motivation war und ist es nicht, andere Athleten zu besiegen oder Wettkämpfe zu gewinnen, obwohl das ja mein »Beruf« ist. Die Bewunderung durch andere, fleißiges Autogrammeschreiben, für Bilder posieren, die generelle Aufmerksamkeit und der finanzielle Gewinn sind für jeden Athleten schön, aber für mich in erster Linie Nebenerscheinungen, wenn auch sehr positive.

Meine Motivation war und ist es, das Beste aus mir herauszuholen und meine persönlichen Grenzen zu verschieben. Ich bin aber nicht bereit, alles dafür zu geben.

Mit Thomas Hellriegel, dem Hawaiisieger von 1997, hatte ich darüber bei einer Ausfahrt auf Mallorca ein interessantes Gespräch, in dem ich den Standpunkt vertrat, dass ein Hawaiisieg es nicht wert sei, für immer auf Burger oder Schokolade zu verzichten.

Ein weiterer Diskussionspunkt ging von einem Interview mit Hanna Stockbauer aus. Nach einem für sie enttäuschendem Rennen in Sydney bei den Olympischen Spielen, hatte sie nach dem Rennen Fast Food gegessen. Meine Behauptung war, dass sie besser geschwommen wäre, wenn sie vorher das vermeintlich Ungesunde gegessen hätte, weil es sie glücklicher gemacht hätte. Thomas hingegen war der Ansicht, dass nur gute Nahrung zu guten Ergebnissen führt, die einen wiederum glücklich machen würden.

Am Tag vor einem wichtigen Wettkampf esse ich nichts, was den Magen beunruhigen könnte. Ich esse daher meistens Brot, Bananen, Nudeln mit Ketchup und eventuell etwas Putenfleisch. Am Wettkampfmorgen stehe ich etwa drei Stunden vor dem Rennen auf und esse ein kleines Frühstück z. B. eine Banane, Brot (kein Vollkorn) mit Honig oder Marmelade oder einen Powerbar, trinke Wasser und/oder ein Kohlenhydratgetränk.

Dann packe ich die Wettkampfsachen, und es geht zur Wechselzone. Dort bekommt man die Oberarmnummerierung, ich pumpe mein Rad auf und befestige Radschuhe, Nahrung und Brille am Rad, eventuell auch den Helm.

Dann wärme ich mich mit Hüpfen und Armeschwingen, manchmal auch, wenn genügend Platz vorhanden ist, mit Laufen auf. Generell gilt: Je kürzer der Wettkampf, desto intensiver ist das Aufwärmen. Handelt es sich um einen Wettkampf, bei dem der Neoprenanzug erlaubt ist, ziehe ich mich

etwa 20 bis 30 Minuten vor dem Start an, was natürlich auch von der Außentemperatur abhängt. Etwa 10 bis 15 Minuten vor dem Start begebe ich mich ins Wasser, schwimme noch ein paar Meter. Dann geht es an die Startlinie. Ich bin kein Freund des Schwimmens im Getümmel. Je nach Wettkampf schätze ich die Lage ein, um die optimale Position zu finden.
Dabei müssen folgende Faktoren bedacht werden: Strömung, eigene generelle Schwimmstärke und eigene Anschwimmstärke sowie die der Konkurrenz, Schwimmkursverlauf, Seegang und, ob mit oder ohne Neoprenanzug geschwommen wird. Wer schnell schwimmt und v.a. auch sehr schnell anschwimmen kann, ist auf der Ideallinie gut aufgehoben.
Wer nicht schnell anschwimmen kann, aber schnell schwimmt, der überholt unter Umständen besser später an einer Außenseite. Die Mitte weiter hinten ist meist ein gutes Plätzchen für kräftige furchtlose Gesellen, die nicht so gut schwimmen und sich mitreißen lassen.
Ich starte bei einem Ironman mit Topbesetzung meist an der Ideallinie, bei Kurzdistanzrennen in der Bundesliga grundsätzlich ganz außen.
An der Startlinie hängen die Beine locker nach hinten unten, nicht senkrecht nach unten. Ich halte mich durch leichte Armbewegungen auf Position und muss mich fast immer über die Übermotivierten ärgern, die eigentlich sowieso nicht so gut schwimmen, aber sich vordrängeln. Beim Startschuss beschleunigt ein Brustbeinschlag zwar den Start, landet aber wahrscheinlich im Gesicht oder Bauch eines Anderen und ist daher unsportlich. Ich versuche, so schnell wie möglich anzuschwimmen und mich abzusetzen bzw. bei Ligarennen an der Spitzengruppe dranzubleiben.
Auf der Langdistanz blicke ich mich, wenn ich vorne bin, nach etwa 1500 Metern um. Damit

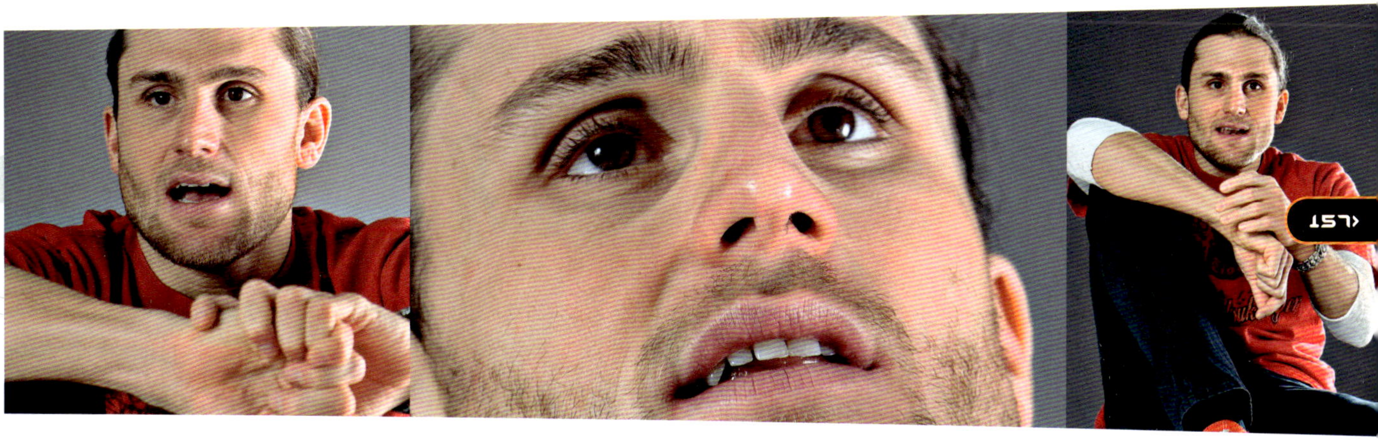

sehe ich, ob meine Bemühungen mich abzusetzen, erfolgreich waren. Wenn die Gruppe dann noch relativ groß ist überlege ich, ob es sinnvoll ist, weiter zu führen (ist es meistens, da selten jemand die Führungsarbeit machen will), einen Zwischensprint vorzubereiten oder sich in der Gruppe zurückfallen zu lassen.

Schwimme ich irgendwo hinterher, gilt erstens die Devise, möglichst nah an den Füßen des Vordermanns zu schwimmen – schließlich lassen sich auch hier etwa fünf bis zehn Prozent Leistung sparen – aber ohne seine Füße zu berühren. Das würde den Athleten wahnsinnig machen und ist unhöflich. Sofern es keine Prämie für die schnellste Schwimmzeit gibt, hat zumindest derjenige, der die meiste Führungsarbeit geleistet hat, die Ehre, als erster aus dem Wasser zu steigen.

Etwa 400 Meter vor dem Schwimmaustieg gehe ich mental den Wechsel durch: Brille hoch, aber nicht absetzen, Neo aufmachen und bis zur Brust runterrollen, Beutel greifen – das alles während des Laufens zum Wechselzelt. Dann: Neopren abstreifen, Brille und Mütze runter, Startnummer anlegen, zum Rad laufen, Helm auf, Brille auf, und los geht's. Sowohl auf der Kurz- als auch auf der Langdistanz wird mittlerweile brutal schnell angefahren.

Auf der Kurzdistanz ist dabei sein alles, d. h. man muss versuchen, sich möglichst schnell in einer Gruppe möglichst weit vorne einzuordnen. Ist man in der ersten Gruppe, gilt: Beine hochnehmen und Kraft sparen, was mir persönlich sehr schwer fällt, oder ausbrechen, was selten gelingt, da man einen wirklich guten Antritt braucht sowie das Stehvermögen und den Mut, einige Minuten sehr hohes Tempo zu fahren.

Ist man in einer Verfolgergruppe, versucht man, die Gruppe zu organisieren, sodass sich zumindest einige Athleten die Verfolgungsarbeit teilen.

Leider ist es sogar bei jüngeren Athleten, die eigentlich »heiß« sein sollten, oft schwer, diese zur Mitarbeit zu bewegen. Da Ihnen viel zu oft eingebläut wird, sich auf dem Rad zu schonen.
Auf der Langdistanz versucht man den Leistungsabfall, der sich nach etwa 100 bis 120 Kilometern einstellt gering zu halten. Oft fällt man nach etwa 100 bis 130 Kilometern nicht nur in ein physisches, sondern auch ein psychisches Loch. Hier muss man äußerst konzentriert sein und diese Schwächephase überwinden, man darf sich keinesfalls gehen lassen. Unter Umständen kommt es zu Krämpfen oder gar zu einem Hungerast (sportsprachlich für Unterzucker). 2005 hatte ich auf Hawaii mit diesen Problemen zu kämpfen, weil ich zu schnell an den ersten Verpflegungsstationen war, die Helfer noch nicht bereitstanden und ich so nichts angereicht bekam. Was man auch gut an meiner Leistungskurve sieht (siehe S. 167).

AUCH TRIATHLETEN DOPEN

Das Thema Doping spielt leider auch im Triathlon eine Rolle. Es ist natürlich anders als im Radsport, weil es im Triathlon gar nicht die finanziellen Möglichkeiten gibt. Es gibt auch keine Tradition des Dopings, und damit ist es zumindest kein großflächiges Problem. Natürlich weiß ich aber, dass auch dieser Sport nicht sauber ist. Gerade auf der Kurzdistanz. Da muss man sich nur mal ein paar Leute genauer anschauen, dann weiß man, dass das nicht normal ist. Die Kontrollen sind mittlerweile ziemlich engmaschig, könnten aber noch besser sein. 2005 wurden alle deutschen Top-Profis in San Diego binnen einer Woche zweimal kontrolliert. Das war vorbildlich. In dieser Phase macht es am meisten Sinn zu kontrollieren. Wichtig ist auch, dass die Kontrolleure überraschend kommen.
Der Athlet muss Angst davor haben, dass er kontrolliert werden könnte. Ich bin auch nach Hawaii noch mal kontrolliert worden, und das ist ja auch richtig so. Vielleicht hat mein offener Brief vom

8.12.2006 zum Thema Doping die Diskussion auch ein bisschen in Schwung gebracht.

DER GRUND FÜR MEINEN BRIEF

Eigentlich ist es nicht meine Art, offene Briefe oder Leserbriefe zu schreiben, das war eine Ausnahme. Aber diesmal hat es mir gereicht, ich war einfach sauer darüber, dass sich wieder nichts ändern soll. Herr Bach, der Präsident des Deutschen Olympischen Sportbundes (DOSB), will ja einen

Aktionsplan gegen Doping durchsetzen. Er möchte aber kein Gesetz gegen die Besitzstrafbarkeit von Dopingmitteln herbeiführen. Doping soll also kein Straftatbestand werden. Vielmehr will er, dass die Sportgerichtsbarkeit die einzige Institution ist, die sich um die Vergehen der Athleten kümmert. Ich bin der Meinung, dass das nichts bringt, so kommen wir im Sport nicht weiter. Der Staat sollte ein Instrumentarium haben, die Athleten verfolgen zu können. Dieses Gesetz muss nicht unmittelbar

zur Folge haben, dass Sportler im Knast landen. Das brauchen wir nicht. Aber der Staat muss die Athleten in Form von Hausdurchsuchungen überwachen können.

In Spanien, Italien und Frankreich gibt es ein Anti-Doping-Gesetz. Dort versucht man, mit staatlichen Mitteln etwas zu machen, und es gab bereits große Erfolge. Zur Verhandlung des Arztes Eufemiano Fuentes in Spanien wurden 50 Radprofis geladen, die als Zeugen aussagen sollten. Als Zeugen, nicht auf der Anklagebank! In Spanien gibt es also ein entsprechendes Gesetz, und dort will man ja auch nicht den einzelnen Athleten in den Knast stecken. Das macht auch wenig Sinn. Aber ich finde, dass es einfach nicht angehen kann, dass eine gedopte Nina Kraft einfach so mit einer Sperre von zwei Jahren davonkommen kann. Es muss ein Instrumentarium geben, das die Sportler strafrechtlich unter Druck setzen kann, damit sie sagen, woher das Zeug kam.

Straftatbestände fallen natürlich in den Aufgabenbereich der Legislative. Aber die Wahrscheinlichkeit, dass gegen den Willen des Sportdachverbandes in Deutschland ein solches Gesetz entsteht, ist äußerst unwahrscheinlich. Daher hat Herr Bach durchaus Einfluss in der Politik, und deswegen habe ich auch versucht, ihn in der Entscheidung, sich für ein strenges Anti-Doping-Gesetz einzusetzen, zu beeinflussen.

Ich werfe dem DOSB in erster Linie vor, dass er auch deutsche professionell dopende Athleten protegieren will. Ich unterstelle nicht, dass sie das von einzelnen Sportlern wissen oder unterstützen. Aber der Sport will keine Polizeiermittlungen durch den Staat haben, weil das schlecht fürs Image wäre.

SCHLECHT FÜRS IMAGE

Je mehr über Doping in den Medien ist, umso unangenehmer ist es für den deutschen Sport. Da gab es die Radprofis oder den Triathleten Jürgen

Zäck. Wenn dann aber auch noch andere Sportler erwischt werden würden, die als Saubermänner gelten, dann wäre das richtig schlecht für den deutschen Sport. Darum will man, dass das alles möglichst klein gehalten wird. Heutzutage wird einer, der professionell dopt, über eine Urinkontrolle nicht mehr erwischt. Diese Sportler nehmen dann Verschleierungs- oder Maskierungsmittel, Mikrodosen oder betreiben Eigenblutdoping, das man so nicht nachweisen kann.

Was auch ganz besonders unangenehm ist, ist der Verdacht des Dopings – die Vermutung, dass einer etwas nehmen könnte. Es wird einfach immer noch zu viel gedopt und so, wie es jetzt läuft, kann man es offensichtlich nicht in den Griff bekommen. Die Gründe sind ganz profan: Gedopt wird, weil die Sportler natürlich gewinnen wollen. Eigentlich ist ein solcher Sieg ideell nichts wert. Der Athlet legt das aber anders aus, da andere ja auch gedopt sein könnten und man so wieder auf dem gleichen Level spielt. Das ist Selbstbetrug, was der Sportler da betreibt. Man redet sich ein, dass man nichts Verbotenes oder moralisch Verwerfliches tut, man verschafft sich nur eine Art von Chancengleichheit. Beim Radsport ist das sicher so.

Die Sponsoren wollen natürlich nicht, dass ihre Sportler dopen, aber bei einigen wird es auch einfach in Kauf genommen, dass es so ist. Offiziell ist in den Sponsoringverträgen festgehalten, dass bei positivem Dopingtest alle vertraglichen Vereinbarungen erlöschen.

WOHER KOMMT DER DRUCK?

Der DOSB profitiert zum einen finanziell am erfolgreichen Abschneiden der Athleten. In der Sportförderung arbeitet nämlich der DOSB mit dem Bundesministerium des Inneren zusammen. Wer bessere Ergebnisse hat, bekommt mehr Geld. Zum anderen profitiert der Verband natürlich auch vom Prestige. Wenn man über viele Top-Athleten verfügt, hat man sicher mehr zu sagen.

Von den Zuschauern kommt der Druck eigentlich auch nicht. Klar, man guckt schon immer auf Bestzeiten, aber eigentlich wollen die Leute doch das Ereignis sehen, etwa spannende Zweikämpfe, Kopf an Kopf. Den Zuschauern ist es völlig egal, ob z. B. die Radprofis beim Zeitfahren der Tour de France einen 52,5er- oder einen 51,3er-Schnitt fahren. Als Zuschauer im Fernsehen oder auf der Straße sieht man das eh nicht. In vielen Sportarten sind die Weltrekorde ja auch schon korrigiert worden. Oder man weiß, dass vieles einfach ohne Hilfsmittel nicht mehr erreichbar ist. Bestes Beispiel ist das Kugelstoßen. Hier liegt der Weltrekord bei 24,5 Meter. Heute wird man mit 21 Metern Olympiasieger. Das sind ganze zehn Prozent Unterschied. Daran sieht man, wie verrückt das alles schon war. Die Sportler haben heutzutage von der Ernährung und von der Technik her viel bessere Voraussetzungen, werfen aber trotzdem weniger weit.

Wenn man den Leuten klarmachen würde, dass manche Leistungen nur aufgrund medizinischer Nachhilfe entstanden sind, würden »machbare« Leistungen viel eher akzeptiert werden. Man muss sich nur überlegen, was man will. Wollen wir Monster oder wollen wir Sportler, die auch ohne medizinische Hilfe an ihre Grenzen gehen. Dann ist es eben so, dass ein Weltrekord auch mal 10 bis 15 Jahre Bestand hat, bis es echte technische Neuerungen gibt.

WOZU SPORTLICHE VORBILDER EIGENTLICH TAUGEN SOLLEN

Ich schreibe zum Schluss meines offenen Briefes: »Die Hauptverantwortung des organisierten Sports liegt nicht im Erringen von Goldmedaillen, sondern im Beitragen zur Erziehung der Jugend und zur Gesunderhaltung aller.« Das klingt vielleicht ein bisschen hochtrabend, aber die Message ist einfach: Es ist nicht Sinn des Profisports, dass 200 oder 500 Athleten auf der Insel der Seligen Tag und Nacht trainieren und tolle Leistungen bringen. Vielmehr gelten sie als Vorbilder für viele Hobbysportler. Sport hat ja in erster Linie eine wichtige Gesunderhaltungsfunktion, und nicht jeder muss und kann ein Weltmeister werden.

Die in manchen Sportarten bestehende tiefe Kluft zwischen Breiten- und Spitzensport gibt es beim Triathlon zum Glück nicht. Im Triathlon haben wir eine besondere Situation. Triathlon ist eine der wenigen Sportarten, in der der Breitensportler neben dem Hawaii-Sieger steht. Das gibt es in kaum einem anderen Sport. Man wird nie mit einem Roger Federer Tennis oder mit Joachim Löw und seiner Truppe Fußball spielen. Wir dagegen sind ganz nah dran an den Altersklasse-Athleten, also an den Amateuren. Das ist eine ganz besondere Situation und macht unseren Sport ja auch so attraktiv. Das macht die Leistung auch immer vergleichbar.

Ich bin strikt dagegen, dass es beim Triathlon jemals zu solchen Verhältnissen wie bei den Radprofis kommt. Für einen jungen ambitionierten Radfahrer ist klar, dass man was nehmen muss, wenn man den Amateurbereich verlassen will oder schon an der Spitze des Amateurniveaus ist. Das fängt mit Asthmamitteln an, um besser atmen zu können, und geht dann immer so weiter. Bei den Radprofis gibt es da eine gewisse Kultur. Ich will nicht, dass sich das weiter ausbreitet.

Triathlon ist immer noch ein Individualistensport, und es wird damit auch noch nicht so viel Geld verdient. Wenn man nicht zur Top-Kategorie gehört, kann man kaum sein Jahresgehalt von 30 000 Euro für Doping ausgeben. Die Chance, dass man dann tatsächlich etwas gewinnt, ist immer noch zu gering. Zwar hatten wir genug Dopingfälle im Triathlon, aber man sieht an der Art dieser Dopingfälle, auf welch unprofessionellem Niveau das noch immer stattfindet.

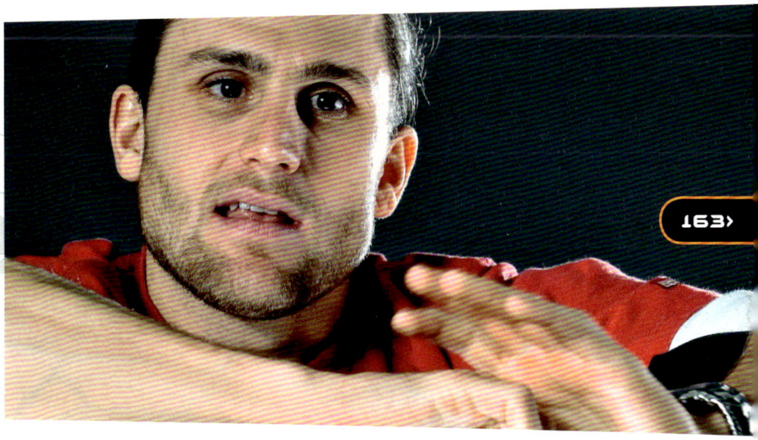

Sicher ist das kein Zufall, dass ich als Triathlet eher auf das Thema Doping hinweisen kann, als z.B. ein Radsportler. Bei dem wirkt das schnell unglaubwürdig. Aber ich verurteile auch keinen einzigen Radprofi, weil er dopt. Das liegt mir völlig fern. Ich weiß ja, wie es da aussieht. Ich persönlich habe den Vorteil, dass ich in keiner olympischen Sportart bin und noch keinen Cent Sporthilfefördergeld bekommen habe. Ich kann natürlich leicht etwas gegen Bach sagen. Andere sind näher dran und haben vielleicht Angst, sich zu exponieren. Wenn man sich so äußert wie ich hier gerade, kann es sein, dass dir mal jemand was in die Zahnpasta tut.

Ich denke einfach, dass da generell mehr Rechtsbewusstsein bestehen müsste, und die Politiker fassen das Thema mit Samthandschuhen an. Nicht weil sie das Problem nicht sehen würden, aber irgendwie gilt Doping dann doch als lässliche Sünde, weil Gerichte und Polizei überlastet sind. Das darf aber kein Argument sein, weil dann ja auch Ladendiebstahl straffrei bleiben würde und wir gleich die Anarchie ausrufen könnten.

Um es aber auch deutlich zu sagen: Ich möchte eigentlich keine Lobbyarbeit gegen das Thema Doping machen, ich möchte trainieren und Wettkämpfe bestreiten. Natürlich habe ich Anfragen, das auf breiterer Basis zu machen oder ein Netzwerk zu organisieren. Ich bin aber kein Funktionär; Lobbyarbeit kann nicht meine Aufgabe sein. Besser wäre es, wenn mehr Spitzenathleten offene Briefe schrieben. Dann würde bestimmt was passieren. Es traut sich sonst niemand, die unangenehmen Dinge laut und deutlich zu sagen. Ursprünglich war mein Brief auch nicht für die Presse gedacht, sondern sollte an den Schwimm-, Triathlon- und Leichtathletikverband, an den DOSB und an die Triathlonzeitschrift gehen. Der DTU-Präsident ist übrigens meiner Meinung und für die Besitzstrafbarkeit.

Mein Sieg mit Bayernfahne und Deutschlandbanner auf Hawaii 2005.

FARIS' TOP 10 DER LIEBLINGSWETTKÄMPFE

WETTKAMPF 1

IRONMAN HAWAII. DIE KRONE DES SPORTS, EINZIGARTIGES TOPFELD UND WUNDERBARE INSELN.

WETTKAMPF 2

HALF IRONMAN ST. CROIX. FAST WIE HAWAII, NUR GEMÜTLICHER. TOLLE STRECKE – NETTE ATMOSPHÄRE. KARIBIKURLAUB UND WETTKAMPF BILDEN EINE WUNDERBARE SYMBIOSE.

WETTKAMPF 3

IRONMAN LANZAROTE. HART, HÄRTER – LANZAROTE. DIE BERGE UND DER WIND VERLANGEN DEM ATHLETEN ALLES AB.

WETTKAMPF 4

TRIMOTION SAALFELDEN, EINE SEHR GUT ORGANISIERTE MITTELDISTANZ IN WUNDERBARER LANDSCHAFT MIT TOLLER VERPFLEGUNG, MIT SUPERSTIMMUNG AN DER STRECKE UND IM ZIELBEREICH.

WETTKAMPF 5

TRIATHLON KRAICHGAU. STEFAN HELLRIEGEL, DER BRUDER DES HAWAIISIEGERS VON 1997, UND SEINE MANNSCHAFT HABEN EIN WIRKLICH SCHÖNES TRIATHLONFESTIVAL MIT DREI VERSCHIEDENEN STRECKEN AUFGEBAUT.

WETTKAMPF 6

IRONMAN KANADA. WUNDERBARE LANDSCHAFT, SCHÖNE STRECKE UND GUTE QUALICHANCEN FÜR HAWAII.

WETTKAMPF 7

ALPENTRIATHLON SCHLIERSEE. EIN KLASSIKER. TROTZ ENTSCHÄRFTER LAUFSTRECKE IMMER NOCH EINE KURZDISTANZ, DIE ES IN SICH HAT.

WETTKAMPF 8

MITTELDISTANZ MALTERDINGEN. DER KLASSIKER IM BREISGAU. ANSPRUCHSVOLLE STRECKE DURCH DIE WEINBERGE, GUT ORGANISIERT. FAST IMMER SCHÖNES WETTER, AUSSER ICH BIN AM START.

WETTKAMPF 9

SILBERSTROM TRIATHLON IM ERZGEBIRGE. EINE KURZDISTANZ MIT FAMILIÄRER ATMOSPHÄRE, SEHR LIEBEVOLL ORGANISIERT. DIE HULAGIRLS, VON DENEN MAN IM ZIEL EMPFANGEN WIRD, SIND HÜBSCHER ALS DIE AUF HAWAII.

WETTKAMPF 10

XTERRA DEUTSCHLAND. EINE HERAUSFORDERUNG FÜR EINEN TECHNISCH WENIGER BEGABTEN RADFAHRER – UND DIE ANGST VOR DEM STURZ SORGT FÜR NEUEN NERVENKITZEL.

IRONMAN HAWAII ANALYSE

VON DER 2PEAK-WEBSITE

Exklusive Innenansichten der »Maschinen« von Triathlon Profis. Die Daten wurden auf der Radstrecke mit SRM-Leistungsmesskurbeln aufgezeichnet.

Die Leistungsstruktur ist wieder zweigeteilt – bis zur Wende in Hawi liegt der Schnitt bei 301 W, in der zweiten Rennhälfte bei 267 W. 15 bis 30 W beträgt etwa die Ersparnis.

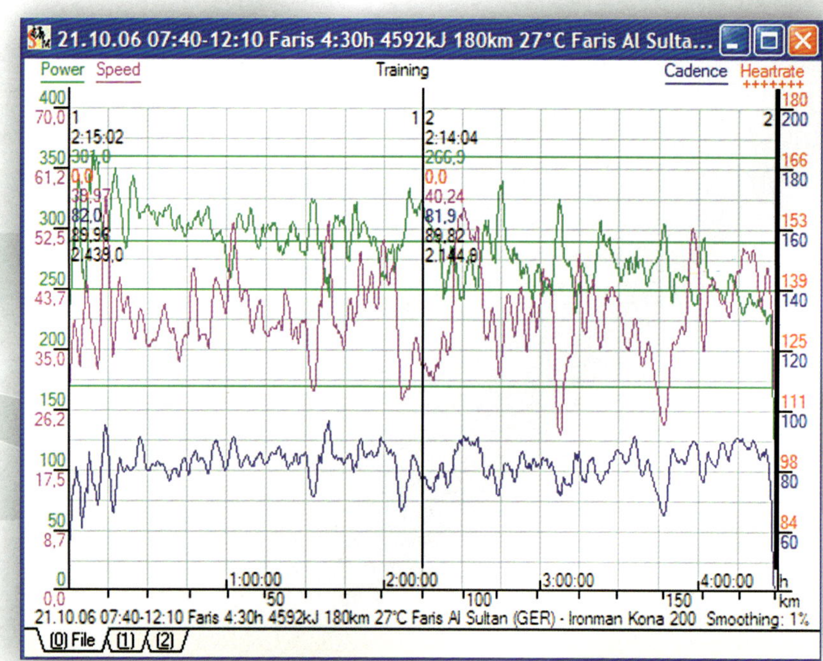

FARIS AL-SULTAN

DRITTER IN KONA, HAWAII 2006

Faris fährt powermäßig exakt auf dem Niveau wie bei seinem Sieg 2005. Seine Durchschnittsleistung beträgt 283 Watt (W). Die durchschnittliche Trittfrequenz beträgt 81,7 U/min – etwas weniger als im Vorjahr.

Faris, der viel Führungsarbeit für die Gruppe um Luke, Cameron und Chris McCormack machte, investierte deutlich mehr in die Verfolgung von Normann Stadler als seine Mitstreiter. Das zeigt sich auch am Energieumsatz: Faris benötigt alleine auf der Radstrecke reichliche 4592 kJ (mechanisch). Luke benötigte im Vergleich 164 kJ weniger.

FARIS AL-SULTAN

SIEGER IN KONA, HAWAII 2005

Die Daten des Siegers: Die Grafik zeigt Faris' Leistung (grün), Geschwindigkeit (pink) und Trittfrequenz (blau).

schenzeit nach 8 Kilometern 324 W im Schnitt. Er startete damit deutlich verhaltener als im Vorjahr, wo er in dieser Phase 343 W leistete. Das Rennen zerfällt leistungsmäßig in zwei Hälften, die vom Wendepunkt in Hawi markiert werden.

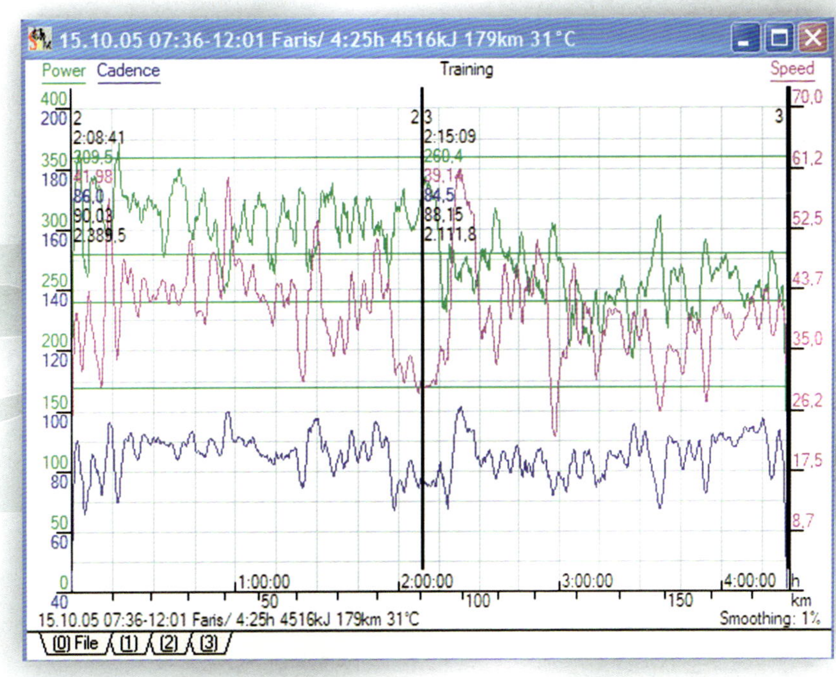

Die Durchschnittsleistung über die gesamte Renndistanz betrug 283 W, die Durchschnittsgeschwindigkeit 40,45 km/h, die durchschnittliche Trittfrequenz lag bei 85 U/min.

Faris, der als Dritter aus dem Wasser kam, hatte sich bereits nach 14 Minuten an die Spitze des Feldes gesetzt und leistete bis zur ersten Zwi-

Während auf den ersten 90 Kilometern die Leistung relativ konstant beim Durchschnitt von 309 W lag, gab es in der zweiten Hälfte Einbrüche, die die Konkurrenz aber in ähnlicher Weise erlebte, denn Faris konnte seine Spitzenposition mit einem ziemlich konstanten Vorsprung verteidigen. Erst zum Schluss wurde er von Torbjorn Sindballe überholt.

FARIS AL-SULTAN

DRITTER IN KONA, HAWAII 2004

Faris erzielte einen Durchschnitt von 286,9 W und 37 km/h auf dem schwierigen, windigen Kurs. Die beiden Rennhälften sind durch die Intervalle markiert, an denen auch die Durchschnittswerte für die beiden Rennhälften stehen. Faris stürmte mit Mut los: 1,5 Stunden »hämmerte« er konstant jenseits der 300 W. Danach fiel die Leistung und blieb auf einem relativ konstanten Niveau. Die Durchschnittsleistung fällt von 309 W in der ersten auf 268,5 W in der zweiten Hälfte.

Die Aufs und Abs im Geschwindigkeitsschrieb zeigen Steigungen und Abschnitte mit besonders starkem Windeinfall. Auf den Gefällen hat Faris die Leistung durchgezogen und das Tempo auf bis zu 60 km/h gesteigert. Die Trittfrequenz liegt konstant bei rund 80 U/min, nur auf den Abfahrten erreicht sie bis zu 100 U/min – vermutlich weil die Gänge sonst schlicht nicht gereicht hätten, um die Leistung konstant zu halten.

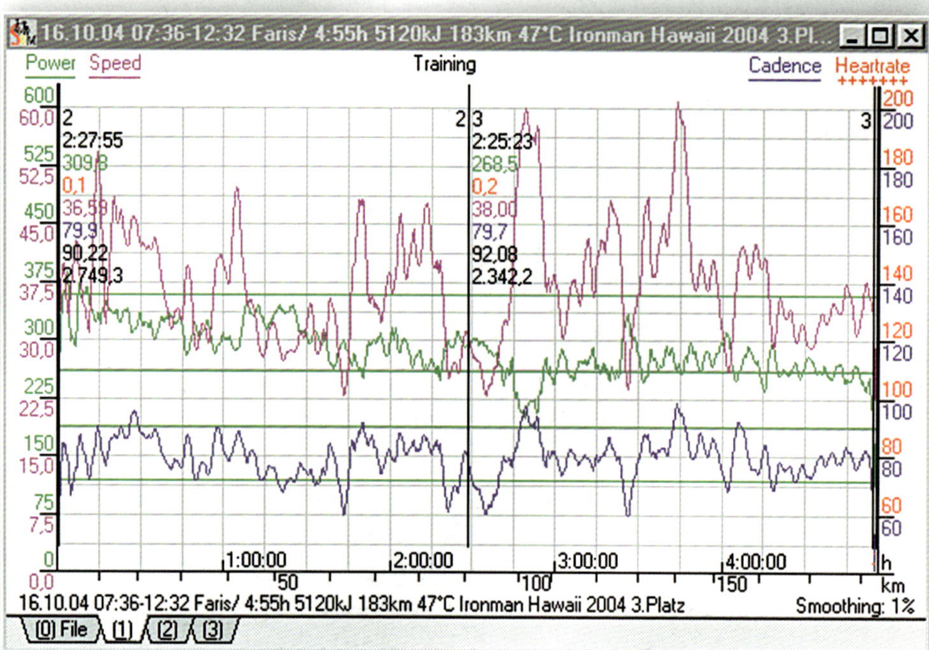

FARIS' RENNBERICHT

Veränderungen im Renntempo können verschiedene Ursachen haben. Bei meinem Sieg 2005 auf Hawaii musste ich das Tempo reduzieren, um Krämpfe in den Beinen »rauszudehnen«. Dabei war meine Fähigkeit, sehr schnell Nährstoffe aufzunehmen, von großem Vorteil, und mein Zeitverlust hielt sich in Grenzen.

Bei Bundesligarennen ist die Schlussphase des Radfahrens sehr hektisch, weil jeder Athlet versucht, eine vordere Position für den abschließenden Wechsel zu erreichen. Einige hundert Meter vor der Wechselzone schlüpft man aus den Schuhen und fährt auf den Schuhen bis zur Zone. Darauf folgt ein blitzartiger Wechsel gefolgt von einem sehr schnellen Anlaufen. Nach etwa drei Kilometern sinkt das Tempo, um gegen Ende des Rennens, natürlich auch abhängig von der Rennsituation, wieder schneller zu werden. Eventuell kommt es auch zu einem Zielsprint.

Auf der Langdistanz bereite ich mich etwa zwei Kilometer vor der Wechselzone auf das Laufen vor, schüttele die Beine aus, gehe aus der Aeroposition und stehe im Sattel auf. Im Wechselzelt ziehe ich den Helm aus, Socken und Schuhe an, drehe das Startnummernband nach vorn und gehe auf die Toilette. Manche Athleten müssen mehrmals während des Rennens aufs Klo, ich im Normalfall nur einmal. Manche pinkeln während des Laufens oder des Radfahrens, ich kann das auch, finde es aber äußerst unappetitlich.

Die ersten Kilometer stehen im Zeichen der Anpassung an das Laufen. Dann versuche ich, einen guten Rhythmus zu finden, und laufe relativ schnell. Sich bewusst zu bremsen auf der ersten Hälfte des Laufs, ist nicht sinnvoll, der Körper ermüdet aufgrund der immensen Vorbelastung sowieso. Das heißt nicht, dass man ein zu hohes Tempo anschlagen darf, sondern lediglich, dass auch bei einem hervorragenden Lauf die erste Hälfte schneller ist als die zweite.

Nach etwa 20 bis 25 Kilometern ist die Ermüdung dann sehr stark. Hier versuche ich, mich noch stärker auf das jeweils nächste kleine Zwischenziel, eine Kilometermarkierung, eine Verpflegungsstation oder eine markante Stelle der Strecke, zu konzentrieren. Während vorher Platzierungen oder Preise in meinem Kopf noch eine Rolle spielen, kommt es in diesem Stadium fast immer so weit, dass mir das Ergebnis egal ist bzw. ich nicht mehr in der Lage bin, einen Angriff zu kontern oder das Tempo zu erhöhen. Auch der Gedanke aufzugeben, kommt mir während des Rennens häufiger. Was mich davon abhält, ist der Gedanke, dass man dann auch in anderen Rennen immer wieder auf den Punkt des Aufgebens zurückkommt und es immer schwieriger wird, ins Ziel zu kommen. Im Ziel stellt sich normalerweise große Zufriedenheit ein – und ein immenses Gesprächsbedürfnis, schließlich will jeder von seinen Heldentaten berichten.

MATERIAL-CHECKLISTE FÜR DEN WETTKAMPF

CHECKLISTE SCHWIMMEN

> BADEKAPPE
> SCHWIMMBRILLE, EVTL. ERSATZBRILLE ODER ERSATZGUMMIBÄNDER
> BADEHOSE ODER -ANZUG
> NEOPREN- ODER TRIATHLONANZUG
> FETT ODER VASELINE ZUM SCHUTZ VOR UNTERKÜHLUNG
> BADESCHLAPPEN

CHECKLISTE RADFAHREN

> RAD
  · GESÄUBERT
  · FUNKTIONSÜBERPRÜFT
  · KONFIGURIERT GEMÄSS WETTKAMPFVORSCHRIFTEN
> TACHOMETER
> LUFTPUMPE ODER AIRGUN
> REIFENHEBER, REPARATUR-KIT
> ERSATZSCHLAUCH UNTERM SATTEL
> STARTNUMMER AM RAHMEN
> HELM
> SONNENBRILLE
> HANDSCHUHE
> RADTRIKOT UND RADHOSE
> RADSCHUHE INKL. TALKUM-PUDER
> TRINKFLASCHEN UND VERPFLEGUNG

CHECKLISTE LAUFEN

> LAUFSCHUHE UND MIKROFASER-SOCKEN
> LAUFSHIRT UND LAUFHOSE
> CAP UND SONNENBRILLE

CHECKLISTE ÜBERGREIFEND

> ZEITMANAGEMENT: ANREISE- UND VORBEREITUNGSZEIT KALKULIEREN
> STARTUNTERLAGEN
> STARTNUMMERBAND INKL. SICHERHEITSNADELN
> STARTNUMMER
> PULSUHR INKL. BRUSTGURT
> GELD ZUR BEZAHLUNG DER MELDEGEBÜHR
> GETRÄNKE UND VERPFLEGUNG
> TRAININGSANZUG
> HANDTUCH UND DUSCHGEL
> TROCKENE, WARME KLEIDUNG

Beim Ironman Hawaii 2005 auf der Radstrecke.

ERDINGER
ALKOHOLFREI
3
IRONMAN
HANDMADE

Beim Fotoshooting für das »triathlete«-Magazin nach dem Ironman Hawaii 2005.

REGENERATION UND ERNÄHRUNG

»WENN ICH ROTH UND HAWAII GEWONNEN HABE, HÖRE ICH SOFORT AUF MIT DEM TRIATHLON.«

ANDREAS NIEDRIG

REGENERATION

Training verfolgt den Zweck, den Körper auf ein stetig hohes Belastungsniveau zu konditionieren und den erzielten Trainingseffekt durch Superkompensation nachhaltig zu konservieren. Analog dazu braucht die Physis aber auch entsprechende Entlastungsphasen. Die Steigerung der Leistungsfähigkeit wird ohne regenerative Pausen nicht möglich sein.

Mit dem Superkompensationseffekt wird das Wechselspiel von Be- und Entlastung optimal genutzt. Wer in diesem Zusammenhang auf Signale seines Körpers eingeht und umsichtig handelt, trainiert effizienter, indem er sich die Ruhephasen zugesteht, die der Körper zum Wiederaufbau verbrauchter Ressourcen benötigt. Bessere Ergebnisse sind nur logische Konsequenz eines ausgeglichenen Training-Regeneration-Plans. Wichtig ist jedoch, das richtige Mittel zwischen Be- und Entlastung zu finden. Der Körper muss in der Wettkampfvorbereitung akzeptieren, physische Schwächen oder Ermüdungen zu überwinden und entgegen dieser Widrigkeiten einen Trainingsreiz zu entwickeln. Gerade die regelmäßige Überwindung stärkt das mentale Potenzial ungemein.

Mit wachsendem Trainingsfleiß steigt also das Vertrauen in die eigene Leistungsfähigkeit und -bereitschaft. Das soll aber nicht heißen, dass das Einhalten von Trainingsplänen das Nonplusultra einer Vorbereitung auf einen Wettkampf ist. Die Notwendigkeit einer Trainingseinheit bestimmt der Istzustand des Körpers, denn nach physischer Belastung legt man die notwendige Zeit zur Regeneration ganz individuell fest. Lange Belastungsproben erfordern im Vergleich zu kurzen Trainingseinheiten eine ausgeprägte Erholungsphase. Entscheidend ist zudem der aktuelle Trainingsstand des Einzelnen.

Wie schnell der Körper in der Lage ist, vollständig zu regenerieren, lässt sich nicht verallgemeinern. Austrainierte Athleten erholen sich entsprechend schneller, da ihr Körper bereits die Intervalle von Be- und Entlastung akzeptiert und sich eingestellt hat. Effektives Training zeigt sich in kontinuierlicher Weiterentwicklung und Erfolg und steigert so automatisch den Willen und das Durchhaltevermögen.

MENTALE VORBEREITUNG

Mental bestärkt, lässt sich das Trainingsprogramm leichter absolvieren, ist so keine notwendige Pflicht mehr, sondern Herausforderung. Diese Wechselwirkungen schaukeln sich gegenseitig hoch, bergen jedoch auch die Gefahr, dass man übertrainiert.

Ein Mangel an Regeneration spiegelt sich in einer Vielzahl von Symptomen wider. Erschöpfung, Schlaflosigkeit, Demotivation und Nervosität gehören noch zu den harmloseren Folgen dieses Zustands. Wer sich in der Wettkampfvorbereitung mit derartigen Symptomen konfrontiert sieht und keine körperlichen und emotionalen Ruhepausen einlegt, riskiert mitunter schwere körperliche und seelische Schäden, die ihrerseits Sinn und Zweck einer derartigen Vorbereitung in Frage stellen. An Wettkampf ist in solchen Fällen ohnehin nicht zu denken. Am wichtigsten ist es, in sich hineinzuhorchen und auf die Zeichen des Körpers mit den richtigen Mitteln zu antworten. Erst das erlaubt einem Athleten eine gesundheitlich unbedenkliche Wettkampfvorbereitung.

Zudem müssen durch eine ausgewogene Ernährung Mangelerscheinungen ausgeschlossen werden, die Leistungsabfall, Verletzungen und Erkrankungen nach sich ziehen können.

Für viele Athleten bedeutet eine angepasste Ernährung die Umstellung der eigenen Essgewohnheiten. Nach und nach kleine Änderungen zu vollziehen, ist dabei Erfolg versprechender, als der radikale Schnitt. Wichtig ist, sich bewusst zu werden, wie Nahrungsbestandteile auf den eigenen

ERNÄHRUNG

Eine effektive Wettkampfvorbereitung funktioniert im Triathlon nur, wenn sie mit einer ausgewogenen, den körperlichen Belastungen entsprechenden Ernährung einhergeht. Schon während der Trainingseinheiten ist es wichtig, darauf zu achten, genug Flüssigkeit und Nahrung zu sich zu nehmen, die dem Körper die erforderlichen Bestandteile zur Energiegewinnung bereitstellen.

Körper wirken. Von einer richtigen Ernährung profitiert man ebenso wie von guten Trainingsprogrammen, wobei diese meist nur dann funktionieren, wenn der Nahrungsbedarf entsprechend gedeckt ist. Die Ernährung unterstützt nicht nur in aktiven Phasen, sondern leistet ihren Beitrag vor allem bei der Regeneration – der Körper erholt sich schneller und wird eher erneut belastbar.

Ganz entspannt: vor dem Ironman 2006 Hawaii.

AUSGEWOGENHEIT IST DAS ZAUBERWORT

Gerüchte über beinahe asketische Ernährungsformen bei Triathleten halten sich hartnäckig. Dabei kann man sich ausgesprochen vielseitig und vollwertig ernähren.

Wichtig für einen ausgeglichenen Wasserhaushalt ist die ausreichende Flüssigkeitsaufnahme auch außerhalb des Trainings. Mit kontinuierlichem Trinken von zwei bis drei Litern pro Tag stellt man sicher, dass das Blut ausreichend

flüssig und damit der Transport von Sauerstoff gewährleistet bleibt. Alkohol ist dabei zwar nicht verboten, die Menge ist jedoch entscheidend, denn er führt nicht nur zur Gewichtszunahme, sondern bringt für Sportler die bekannten, nicht gerade guten Begleiterscheinungen mit sich: Die dem Stoffwechsel mit Alkohol zugeführte Energie wird erst dann verwendet, wenn der Körper sämtliche Glykogenvorkommen verbraucht hat. Da ein hoher Energiebedarf in unmittelbarem zeitlichen Zusammenhang mit dem Genuss von Alkohol eher selten ist, wird dieser im Fettgewebe angelagert – der Körperfettanteil steigt. Alkoholgenuss in körperlichen Ruhephasen verlängert zudem den Regenerationsprozess. Der regenerative Schlaf zur Entspannung und zum Aufbau der Physis setzt erst nach dem Abbau des Alkohols ein, sodass sich dieser Zeitraum entsprechend verkürzt und keine vollständige Erholung möglich macht.

Gesund und gut: Rohkostplatten gibt's in arabischen Restaurants in den Emiraten oft als Vorspeise.

Pflanzlichen Fetten, reich an ungesättigten Fettsäuren, sollte man den Vorzug vor tierischen Fetten geben. Der Stoffwechsel stellt sich bei vernünftiger Ernährungsweise mit ballaststoffreicher Kost so ein, dass gelegentlicher Verzehr von fetthaltigen oder alkoholischen Nahrungsmitteln nicht weiter ins Gewicht fällt. Ballaststoffe aus Vollkorn oder Gemüse sorgen nicht nur für eine geregelte Verdauung und einen angeregten Stoffwechsel, sondern sättigen zudem gut – das schützt davor, »über den Hunger zu essen«.

KOHLENHYDRATSPEICHER AUFFÜLLEN

Die für den Ausdauersport als Energielieferant wichtige Glukose wird aus kohlenhydratreicher Nahrung gewonnen. Reis und Nudeln sind solche Energiespender. Für den Wettkampf ist es von Bedeutung, Kohlenhydratspeicher schon in den

Tagen zuvor kontinuierlich aufzufüllen, indem man mindestens einmal pro Tag kohlenhydratreich isst. Mit Salaten und reichlich Flüssigkeit werden diese Mahlzeiten sinnvoll ergänzt. Die obligatorische Pastaparty am Vortag des Wettkampfes reicht nicht aus, um den immensen Bedarf zu decken. Es hat sich bewährt, Kohlenhydrate in flüssiger Form direkt vor dem Start zu sich zu nehmen. Wer allerdings, ohne körperlich aktiv zu sein, reichlich Kohlenhydrate zuführt und diese im Gegenzug nicht durch sportliche Betätigung verbrennt, wird an Gewicht zunehmen, denn das aus Glukose gewonnene Glykogen wird dann unverbraucht in Körperfett umgewandelt.

Für den Aufbau von Muskeln ist Eiweiß – Protein – ein wichtiger Baustein. Tierisches Eiweiß aus Milch und Milchprodukten, Fleisch, Fisch und Eiern, eignet sich hier besser als pflanzliches. Proteinreiche Nahrung enthält jedoch häufig auch Fett, sodass der Anteil von fetthaltigem Eiweiß in der Nahrung nicht unverhältnismäßig groß sein sollte.

VITAMINE UND MINERALSTOFFE

Durch eine gesunde Ernährungsweise wird der Bedarf des Körpers an Vitaminen und Mineralstoffen grundsätzlich ausreichend gedeckt. Beim Triathleten steigen die Bedarfsmengen jedoch analog zur physischen Belastung stetig an, und der Körper verlangt vermehrt nach diesen Nahrungsbestandteilen. Dann helfen Vitaminpräparate und Nahrungsergänzungsmittel, einen erhöhten Verbrauch schnell auszugleichen und zu regulieren.

Die Vitamine C, B und E sind besonders wertvoll. Vitamin C stärkt das Immunsystem und schützt vor Infektionen, die sich bei einem Mangel unter kontinuierlicher körperlicher Anstrengung schneller einstellen können. Es wirkt unterstützend bei der Fettverbrennung und stärkt die körpereigene Abwehr. Mit Vitamin B wird der Stoffwechsel angeregt und somit das Niveau der bereitgestellten Energie stets hoch gehalten. Es sorgt also für einen homogen verlaufenden Energieverbrauch. Die Wirkung von Vitamin E zeigt sich besonders in verbesserter Regenerationsfähigkeit. Außerdem trägt es ebenfalls zur Stärkung des Immunsystems bei.

Die Versorgung mit Mineralstoffen ist ebenso wichtig wie die mit Vitaminen. Elektrolyte, die auch in diese Gruppe gehören, müssen bei trainierenden Athleten kontinuierlich ersetzt werden, da sie unter physischer Belastung vom Körper ausgeschieden werden.

Natrium reguliert den Flüssigkeitshaushalt im Körper und wird deshalb elektrolythaltigen Getränken zugesetzt. Trainings- oder Wettkampfgetränke sollten eine ausreichend hohe Natriumkonzentration aufweisen.

Kalium schützt den Körper vor zu hohem Verlust von Natrium. Da es ausgeschieden wird, bevor die Natriumreserven des Körpers genutzt

werden, verzögert es den Verbrauch von Natrium. Darüber hinaus fördert Kalium den Aufbau des Glykogenpotenzials.
Eisen unterstützt den Transport des Blutsauerstoffs und kann bei Einhaltung der empfohlenen Tagesdosis zu einer spürbaren Leistungssteigerung verhelfen. Wie einige Vitamine stärkt die Einnahme von Zink das Immunsystem und verhilft zu einer besseren Regenerationsfähigkeit.
Magnesium ist bei den Athleten wohl das bekannteste Mineral, das dem Erhalt der muskulären Effektivität dient. In Verbindung mit Kalzium spielt Magnesium bei der Muskelkontraktion eine entscheidende Rolle. Bei andauernder muskulärer Tätigkeit reguliert es die Kontraktionen und verhindert auf diese Weise Verkrampfungen. Der fundierte wissenschaftliche Beweis für diese Wirkung ist zwar noch nicht erbracht, dennoch setzen viele Athleten auf den positiven Effekt von Magnesium.

ERNÄHRUNG VOR UND WÄHREND DES WETTKAMPFES

Vor und während des Wettkampfes müssen ausreichend Flüssigkeit und Energie gespeichert werden, um den Bedarf zur Erhaltung der Leistungsfähigkeit zu decken. Dies ist für Athleten eine unbedingte Notwendigkeit, wenn der Wettkampf über mehrere Stunden andauert. Nur so lassen sich Energieverluste kompensieren. Prinzipiell füllt die Zufuhr von Flüssigkeit, Mineralien und energiespendender Kost lediglich die durch die Belastung entstandenen Lücken der Energiespeicher wieder auf. Eine Reserve kann man im laufenden Wettkampf nicht mehr anlegen. Essenzieller Punkt ist der Verlust von Flüssigkeit. Das Blut muss möglichst flüssig gehalten werden, denn selbst relativ kleine Flüssigkeitsverluste beeinträchtigen die Leistungsfähigkeit. Schon bei geringer Dehydration verringert sich die Bereitstellung von Energie signifikant. Es treten augenscheinlich zwar keine physischen Probleme auf, aber die Sauerstoffaufnahme ins Blut reduziert sich messbar.
Der Flüssigkeitsverlust über die Haut reguliert die Körpertemperatur und schützt auf diese Weise vor überhöhter Körpertemperatur. Bei gleicher Belastungsintensität schwitzen gut trainierte Athleten wesentlich mehr und schneller als untrainierte Menschen. Dieser Effekt ist ein Ergebnis aus ständiger körperlicher Anstrengung und lässt sich sogar trainieren. Die Flüssigkeitsmenge, die der Körper beim Schwitzen verliert, darf man nicht unterschätzen. Beim Training im Freien verdunstet der Großteil sehr schnell. So wird der Körper durch die Verdunstungskälte gekühlt. Das Trinken darf man also auch während des Trainings keinesfalls vernachlässigen.
Neben dem Verlust von Wasser gehen hauptsächlich Elektrolyte verloren. Der Verringerung von Natrium, Kalium und Magnesium muss man durch rechtzeitiges und konsequentes Trinken entge-

genwirken. Die ideale Vorgehensweise wäre, während des gesamten Rennens ständig in kleinen Mengen Flüssigkeit aufzunehmen. Weil diese Strategie natürlich nicht umsetzbar ist, kann man sich vornehmen, wenigstens alle viertel bis halbe Stunde kleinere Mengen zu trinken.

ÄUSSERE EINFLÜSSE

Findet der Wettkampf unter extremen äußeren Bedingungen statt, muss man die Aufnahme anpassen. Bei großer Hitze erhöht man den Wasseranteil in den verwendeten Getränken, um dem Flüssigkeitsverlust entgegenzuwirken. Auf die Konzentration von Kohlenhydraten sollte man hingegen bei Kälte achten, um eine gleichbleibende Energieversorgung sicherzustellen. Die regelmäßige Zufuhr von Flüssigkeit ist gerade bei langen Distanzen und unter extremen, vorwiegend heißen Bedingungen entscheidend für den Rennausgang.

Vor allem unerfahrene Athleten begehen den Fehler, nicht kontinuierlich und vorbeugend zu trinken, sondern erst dann, wenn der Durst einsetzt. Erst dann mit der Flüssigkeitsaufnahme zu beginnen, ist definitiv zu spät. Man wird einen Leistungseinbruch erleiden und auf niedrigem Niveau den Rest des Wettkampfes durchstehen – oder aufgeben müssen.

Ironman Hawaii 2006: Trinken, Trinken, Trinken – auch wenn es 2006 ausgesprochen kühl für hawaiianische Verhältnisse war.

FLÜSSIGKEITSSPEICHER KONTINUIERLICH AUFFÜLLEN

Bei einem Leistungseinbruch sinkt zwangsläufig auch die Motivation. Wenn man realisiert hat, nicht mehr bis an die Leistungsgrenze gehen zu können, ist die mentale Stärke dahin. An ein starkes Finish ist nicht mehr zu denken. Im Ausdauerwettkampf trinkt man nicht, um Durst zu löschen, sondern zum Erhalt der maximalen Leistung. Die Zufuhr von Elektrolyten dient primär dem schnelleren Wiederauffüllen der Flüssigkeitsspeicher und eher beiläufig zur Wiederherstellung der Mineralienreserven. Die Flüssigkeitsresorption wird beschleunigt, wenn man isotonische (mit Elektrolyten versetzte) Getränke zu sich nimmt. Sie werden leichter vom Körper aufgenommen, weil sie ähnliche Mengen gelöster Teilchen wie das Blut enthalten.

Eine Flasche im Mund, eine in der Hose – ein typisches Bild beim Hitze-Ironman 2005 auf Hawaii.

SCHNELLE AUFNAHME SICHERSTELLEN

Es ist zweckmäßig, dem Körper nur solche Getränke zuzuführen, die möglichst schnell aufgenommen werden können. Schließlich müssen Flüssigkeits- und Energiespeicher noch während des Wettkampfs aufgefüllt werden, damit man mangels Reserven keinen Einbruch erleidet. Den beträchtlichen Verbrauch von Wasser, Mineralien und anderen Energieträgern kompensiert man nicht ohne Weiteres. Auch die zum Ausgleich benötigten Mengen lassen sich nicht ohne Probleme bereitstellen. Deshalb ist es absolut relevant, welche Getränke man zu sich nimmt. Isotonische Durstlöscher haben sich wegen ihrer schnelleren Aufnahme bewährt. Glukose muss dauerhaft als Energieträger verfügbar sein, andere Kohlenhydrate wie Maltodextrin eignen sich noch besser. Eine geregelte Flüssigkeitsversorgung ist auf dem Rad sehr viel leichter umzusetzen, als beim

Laufen. Das Trinken auf der Laufdistanz zu trainieren, gehört deshalb in jede Vorbereitung. Der Körper wird so parallel an eine stetige Flüssigkeitszufuhr gewöhnt.

Zur besseren Kontrolle kann man sich seine Getränke selbst mischen. Dazu verwendet man möglichst reine Fruchtsäfte. Glukose und Fruktose sind in reinen Fruchtsäften hoch konzentriert enthalten, daher werden diese mit (stillem) Mineralwasser gemischt. Dabei muss man unter Umständen auf den Gehalt von Natrium achten. Natriumarmen Wasser fügt man idealerweise etwas Salz hinzu.

Für die Wahl der Verpflegung im Wettkampf gilt allgemein, dass sie geschmacklich zusagen und gut verträglich sein soll. Dies ist eine individuelle Frage, wobei für den Wettkampf in diesem Punkt keine Experimente gemacht werden sollten. Besser greift man auf Verpflegung zurück, die sich bereits im Training bewährt hat, ohne Risiken einzugehen.

FARIS' ERNÄHRUNGSTIPPS

Wie oft bin ich schon gefragt worden, was ich, sowohl im Wettkampf als auch im normalen Leben, esse. Insbesondere nach dem Hawaiisieg 2005 und meinem Besuch bei Taco Bell haben manche Leute schon gemutmaßt, ich würde lediglich Fast Food essen. Dieses sollte wegen seiner einfachen Kohlenhydrate und der gesättigten Fettsäuren nicht gerade die primäre Nahrungsquelle darstellen. So furchtbar schlecht wie manchmal dargestellt, ist es aber auch nicht. Grundsätzlich kann falsche Ernährung viel zerstören, allerdings sollte man im Umgang damit auch eine gewisse Gelassenheit an den Tag legen. Der Verzehr von Schwarzwälder Kirschtorte oder einer Tüte Chips mag sicherlich physiologisch nicht optimal sein, manchmal ist der psychische Gewinn solcher Mahlzeiten aber nicht hoch genug einzuschätzen. Darüber hinaus mag das Abwiegen von Reiskörnern bei jemand, der um den Tour-de-France- oder Ironman-Hawaii-Sieg kämpft, gerechtfertigt sein. Wenn man jedoch vorhat, »nur« die 14-Stunden-Marke zu unterbieten, dürfte es eher Zeitverschwendung sein.

Was ich esse, hängt damit zusammen, in welcher Trainingsphase ich bin. Generell esse ich sehr »normal«, und außer Schweinefleisch und rohem Fisch ist fast nichts vor mir sicher. Wie viele Menschen vertrage ich keine großen Mengen von Milchprodukten und v. a. kein Müsli vor Belastungen.

Das korrekte Verhältnis von Kohlenhydraten, Fetten und Eiweiß war für mich als Mensch mit viel Körpergefühl nie besonders wichtig. Gesunde Menschen haben auch meist Appetit auf die Sachen, die der Körper gerade braucht, d. h. nach einem harten Lauf ist das Verlangen nach Entenbraten mit Knödeln ohnehin eher gering.

Ich versuche, wenig Fett zu mir zu nehmen, was manchmal schwierig ist, wenn man wie ich Schokolade als Grundnahrungsmittel betrachtet. Außerdem achte ich auf eine ausreichende

Eiweißzufuhr. Der Normalbürger nimmt zwar mehr als genug Eiweiß zu sich, viele Sportler, und vor allem Frauen, haben aber oft ein Eiweißdefizit (1 Gramm pro Kilogramm Körpergewicht ist das Minimum, 2 sind optimal).

Vitamine und Mineralien nimmt der Triathlet mit ausgewogener Ernährung eigentlich ausreichend zu sich. Heute weiß man, dass Vitamine aus »echten« Nahrungsmitteln am besten vom Körper aufgenommen werden. Nahrungsergänzungsmittel haben ihre Berechtigung, sobald ein echter Mangel vorliegt und man sich aus welchen Gründen auch immer nicht ausgewogen ernährt oder eine starke Zusatzbelastung auftritt.

ZUHAUSE

> BROT (KEIN WEISSBROT)
> EIER, PUTENFLEISCH, REIS (WENN PAPA KOCHT)
> FISCH (OFT AUCH AUS DER DOSE: THUNFISCH, LACHS)
> KARTOFFELPÜREE, NUDELN, PIZZA
> KÖRNIGER FRISCHKÄSE
> PUDDING, ÄPFEL, MANDARINEN
> WASSER, COLA, ERDINGER ALKOHOLFREI

IM TRAININGSLAGER IN SAN DIEGO

MORGENS:

> BAGELS, VOLLKORNTOAST, EIER, PUTENBRUST
> KÖRNIGER FRISCHKÄSE
> WASSER, VERDÜNNTE SÄFTE, COLA (LEIDER …)

MITTAGS:

> NUDELN, THUNFISCH, REIS, BURRITOS

SNACK:

> MUFFIN, VOLLKORNTOAST, SCHOKORIEGEL

ABENDS:

> STEAK, FISCH, REIS, KARTOFFELN, SALAT
> ERDINGER ALKOHOLFREI (JA, GIBT'S AUCH IN USA!)

NACH SEHR HARTEN TRAININGSEINHEITEN:

> AMINOSÄUREN UND SOFORT NACH JEDER SCHWIMMEINHEIT EINEN PROTEINRIEGEL

WÄHREND DER RADAUSFAHRTEN:

> POWERBAR, HARVESTBARS, PROTEINRIEGEL, SCHOKORIEGEL, FAST FOOD, BANANEN
> COLA, WASSER UND POWERBAR ENDURANCEDRINK

IM TRAININGSLAGER IN DEN EMIRATEN

MORGENS:

> EIER, NUDELN, CORNFLAKES, FLADENBROT

MITTAGS:

> NUDELN, REIS, THUNFISCH

SNACK:

> APFEL, DATTELKEKSE, JOGHURT, POWERBAR, PROTEINRIEGEL

ABENDS:

> AUSWÄRTS STETIGER WECHSEL VON ARABISCH, INDISCH, ITALIENISCH, FAST FOOD, HOTELBUFFET (ABWECHSLUNG IST TRUMPF!)

FARIS' WETTKAMPFERNÄHRUNG

Vor einem Wettkampf sorgt man dafür, dass die Kohlenhydratspeicher voll sind. Das soll nicht heißen, sich bei der obligatorischen Pastaparty mit Nudeln vollzustopfen, sondern, in der letzten Woche vor dem Wettkampf kohlenhydratreiche Nahrung zu sich zu nehmen.

Ich versuche, fünf- bis sechsmal mal am Tag kleine Portionen zu essen und/oder je nach Klima ständig kohlenhydratreiche Getränke zu mir zu nehmen. In dieser Phase nimmt man zu, denn Kohlenhydrate binden Wasser im Körper. Man braucht aber auch genügend Flüssigkeit, um die Kohlenhydrate aufnehmen zu können. Genauso wichtig, besonders vor heißen Wettkämpfen wie z. B. Hawaii, ist die Aufnahme von genügend Salz in der Woche zuvor.

Auf einer Kurzdistanz nehme ich höchstens ein Gel zu mir, ansonsten trinke ich entweder eine Cola-Wasser-Mischung (Kohlensäure rausrühren) oder ein Kohlenhydratgetränk.

Auf einer Langdistanz spielt die Ernährung eine entscheidende Rolle. Manche haben den Ironman auch schon als Esswettkampf bezeichnet. Ich fange auf dem Rad an zu essen. Während des Schwimmens kommt höchstens unfreiwillig etwas in den Magen, obwohl man natürlich sehr wohl, wie beim Langstreckenschwimmen, Gels zu sich nehmen kann.

Im Wettkampf halte ich mich, wie viele andere Athleten, an die Vorgaben von Mark Allen. Er empfiehlt von fester Nahrung (Riegel), auf leichter Verdauliches (Bananen) und Gels und schließlich zur reinen Aufnahme von Cola und Kohlenhydratgetränken überzugehen, denn im Verlauf des Rennens sinkt die Verdauungsfähigkeit des Magens. Je nach Temperatur und Gefühl nehme ich etwa ein bis zwei Powerbars und Bananen, fünf Gels und Getränke zu mir. Gels, Riegel und Bananen müssen mit Flüssigkeit aufgenommen werden, sonst kann der Magen-Darm-Trakt die

Kohlenhydrate nicht verdauen. Wichtig ist es, die Wettkampfverpflegung zu kennen, um sich bei Nichtgefallen selbst zu versorgen.

Die Nahrungsaufnahme wird trainiert, indem man während der Trainingsausfahrten isst. So lernt der Magen-Darm-Trakt, unter Belastung Nahrung aufzunehmen und zu verarbeiten.

Ich beim Essen eines »Affenkoteletts« – welcher Paparazzi hat mich da eigentlich fotografiert?

Immer noch das Bild des Ironman – der Altersklassenschwimmstart auf Hawaii.

BORA
cannondale

Der Vorteil des Führenden: im Mittelpunkt des Medieninteresses und dabei manchmal ein winziger Windschattenvorteil (Hawaii 2004).

Man kann nicht immer Erster sein: Gratulation an Normann Stadler im Ziel, Hawaii 2004.

PowerBar
TFA
SOPREMA
TEAM
PowerBar
asics

SACHREGISTER

PERSONENREGISTER

ORTSREGISTER

IMPRESSUM

HINWEIS

Die Ratschläge/Informationen in diesem Buch sind von Autoren und Verlag sorgfältig erwogen und geprüft, dennoch kann eine Garantie nicht übernommen werden. Eine Haftung der Autoren bzw. des Verlags und seiner Beauftragten für Personen-, Sach- und Vermögensschäden ist ausgeschlossen.

Moderner Vierkampf mit glanzvollem Unentschieden – zwei Redakteure (Sabine Gnan und Harry Kämmerer) gegen zwei Autoren (Faris Al-Sultan und Christoph Dirkes).

PROJEKTLEITUNG
Sabine Gnan
Dr. Harald Kämmerer

REDAKTION
Sabine Gnan
Dr. Harald Kämmerer

SCHLUSSREDAKTION
Claudia Lenz

GESAMTPRODUCING UND LAYOUT
Christoph Dirkes, CD design · grafik · konzept

BILDREDAKTION
Tanja Nerger

UMSCHLAGGESTALTUNG UND KONZEPTION
Christoph Dirkes, CD design · grafik · konzept
R.M.E Eschlbeck / Kreuzer / Botzenhardt

REPRODUKTION
Artilitho, Lavis (Trento)

DRUCK UND VERARBEITUNG
Alcione, Lavis
Printed in Italy

ISBN: 978-3-517-08283-7
9817 2635 4453 6271

BILDNACHWEIS

2peak: 162, 163, 164 (Robert Kühnen); 3athlon.de: 44, 123m., 179; Alva Naturkosmetik GmbH, Wallenhorst: 132, 192 (Fotomontage), U4o.li.; Asics Deutschland GmbH, Neuss: 54, 87, 90/91, 102/103; Cannondale Bicycle Corp: 40/41, 50re., 72/73, 74, 76, 79u.re., 80, 107; Direct-savings, bury/uk: 71m. (www.direct-saving.co.uk)/(Speedo/pullbuoy); Dirkes Christoph, Neuenkirchen: 86, 94, 192 (Fotomontage), U4u.li.; Flickr: 3 (d.l.), 5 (Katjung), 12-Blüte (Srini G.), 105 (Daveyll), 107-Blüte (MMarchin), 111 (All about you god); Fullcycles, Corvallis/Oregon/USA: 130 (www.fullcycles.com); Kathan Robert: 128o., 128m.; Oakley GmbH: 82re.; Photocase: 124m. (Alexander Geltz); Picture Alliance, Frankfurt: U1 (DPPI/Thierry Deketelaere); Polar Electro GmbH, Büttelborn: 67, 100, 108, 110, 112; Segesta John/Wahoomedia.com: 140, 171, 172/173, U4o.re.; Seehagen Stefan, München: 34/35; Spomedis, Hamburg: 6/7, 12/13, 14o., 37, 38, 39, 135, 138u., 167 (Frank Wechsel), 14m., 36, 42/43, U4u.re. (Silke Insel); Südwest Verlag, München: 133 (Antje Plewinski), 134o. (Rolf Seiffe), 134m., 134u. (Michael Holz), 176 (Peter Rees); T. Frahm/Aqua Sphere: 66/67, 68/69, 69li., 69m., 69re., 70, 71o., 71u., 104/105 ; Trifoto.de, Duisburg: 68, 115 (Thomas Steinberg); UliHB, Rheinbach: U2, U3, 8/9, 14u., 32/33, 45, 46m., 46u., 47, 51, 58/59, 60/61, 64/65, 74/75, 78, 79o., 79m., 79u.li., 81, 83, 88/89, 127m., 141o., 142m., 160, 184/185, 188/189; Wandinger M. Tobias, München: 10/11, 30, 46o., 48, 50li., 52, 53, 54/55, 55, 56, 57, 62/63, 84/85, 92, 95, 123o., 123u., 124o., 124u., 127o., 127u., 128u., 129, 131, 136/137, 138o., 138m., 141m., 141u., 142o., 142u., 168, 175, 180, 183, 186/187; Weiß Christian, München: 16, 17, 18, 19, 20, 22, 21, 22, 23, 24, 25, 26, 27, 28, 29, 31, 73, 82li., 144, 145, 146, 147, 148, 149, 150, 151, 152, 153, 154, 155, 156, 157, 158, 159, 192 (Fotomontage)